V&R unipress

ZEITGESCHICHTE

Ehrenpräsidentin:
em. Univ.-Prof. Dr. Erika Weinzierl († 2014)

Herausgeber:
Univ.-Prof. DDr. Oliver Rathkolb

Redaktion:
em. Univ.-Prof. Dr. Rudolf Ardelt (Linz), ao. Univ.-Prof.^{in} Mag.^{a} Dr.^{in} Ingrid Bauer (Salzburg/Wien), SSc Mag.^{a} Dr.^{in} Ingrid Böhler (Innsbruck), Dr.^{in} Lucile Dreidemy (Wien), Dr.^{in} Linda Erker (Wien), Prof. Dr. Michael Gehler (Hildesheim), ao. Univ.-Prof. i. R. Dr. Robert Hoffmann (Salzburg), ao. Univ.-Prof. Dr. Michael John / Koordination (Linz), Assoz. Prof.^{in} Dr.^{in} Birgit Kirchmayr (Linz), Dr. Oliver Kühschelm (Wien), Univ.-Prof. Dr. Ernst Langthaler (Linz), Dr.^{in} Ina Markova (Wien), Mag.^{a} Agnes Meisinger (Wien), Univ.-Prof. Mag. Dr. Wolfgang Mueller (Wien), Univ.-Prof. Dr. Bertrand Perz (Wien), Univ.-Prof. Dr. Dieter Pohl (Klagenfurt), Univ.-Prof.^{in} Dr.^{in} Margit Reiter (Salzburg), Dr.^{in} Lisa Rettl (Wien), Univ.-Prof. Mag. Dr. Dirk Rupnow (Innsbruck), Mag.^{a} Adina Seeger (Wien), Ass.-Prof. Mag. Dr. Valentin Sima (Klagenfurt), Prof.^{in} Dr.^{in} Sybille Steinbacher (Frankfurt am Main), Dr. Christian H. Stifter / Rezensionsteil (Wien), Prof. HR Mag. Markus Stumpf, MSc (Wien), Gastprof. (FH) Priv.-Doz. Mag. Dr. Wolfgang Weber, MA, MAS (Vorarlberg), Mag. Dr. Florian Wenninger (Wien), Univ.-Prof.^{in} Mag.^{a} Dr.^{in} Heidrun Zettelbauer (Graz).

Peer-Review Committee:
Ass.-Prof.^{in} Mag.^{a} Dr.^{in} Tina Bahovec (Institut für Geschichte, Universität Klagenfurt), Prof. Dr. Arnd Bauerkämper (Fachbereich Geschichts- und Kulturwissenschaften, Freie Universität Berlin), Günter Bischof, Ph.D. (Center Austria, University of New Orleans), Dr.^{in} Regina Fritz (Institut für Zeitgeschichte, Universität Wien/Historisches Institut, Universität Bern), ao. Univ.-Prof.^{in} Mag.^{a} Dr.^{in} Johanna Gehmacher (Institut für Zeitgeschichte, Universität Wien), Univ.-Prof. i. R. Dr. Ernst Hanisch (Salzburg), Univ.-Prof.^{in} Mag.^{a} Dr.^{in} Gabriella Hauch (Institut für Geschichte, Universität Wien), Univ.-Doz. Dr. Hans Heiss (Institut für Zeitgeschichte, Universität Innsbruck), Robert G. Knight, Ph.D. (Department of Politics, History and International Relations, Loughborough University), Dr.^{in} Jill Lewis (University of Wales, Swansea), Prof. Dr. Oto Luthar (Slowenische Akademie der Wissenschaften, Ljubljana), Hon.-Prof. Dr. Wolfgang Neugebauer (Dokumentationsarchiv des österreichischen Widerstandes, Wien), Mag. Dr. Peter Pirker (Institut für Zeitgeschichte, Universität Innsbruck), Prof. Dr. Markus Reisenleitner (Department of Humanities, York University, Toronto), Assoz. Prof.^{in} Dr.^{in} Elisabeth Röhrlich (Institut für Geschichte, Universität Wien), ao. Univ.-Prof.^{in} Dr.^{in} Karin M. Schmidlechner-Lienhart (Institut für Geschichte/Zeitgeschichte, Universität Graz), Univ.-Prof. i. R. Mag. Dr. Friedrich Stadler (Wien), Prof. Dr. Gerald J. Steinacher (University of Nebraska-Lincoln), Assoz.-Prof. DDr. Werner Suppanz (Institut für Geschichte/Zeitgeschichte, Universität Graz), Univ.-Prof. Dr. Philipp Ther, MA (Institut für Osteuropäische Geschichte, Universität Wien), Prof. Dr. Stefan Troebst (Leibniz-Institut für Geschichte und Kultur des östlichen Europa, Universität Leipzig), Prof. Dr. Michael Wildt (Institut für Geschichtswissenschaften, Humboldt-Universität zu Berlin), Dr.^{in} Maria Wirth (Institut für Zeitgeschichte, Universität Wien).

zeitgeschichte
51. Jg., Heft 4 (2024)

Auswahl – Was man im Geschichtsunterricht lernen soll

Herausgegeben von
Christoph Kühberger

V&R unipress

Vienna University Press

Inhalt

Christoph Kühberger
Editorial 423

Artikel

Christian Heuer / Gerald Lamprecht
Das Auswahlproblem im Prozess historischen Lernens –
Eine Perspektive auf Zeitgeschichte(n). Am Beispiel der Ausstellung
‚Warum? Der Nationalsozialismus in der Steiermark' 427

Christoph Kühberger / Robert Obermair
Auswahl pluridimensional denken – Sondierungen zu Optionen der
Zeitgeschichte 445

Heinrich Ammerer
Ist wichtig, kann weg? Zeitgeschichte und historische Signifikanz 471

Andrea Brait
„Vergangenheitskunde" oder Holocaust-Education? Einblicke in
die Themenauswahl im österreichischen Geschichtsunterricht der
Sekundarstufe II zum Thema „Nationalsozialismus und Holocaust"
über Geschichtshefte bzw. -mappen 493

zeitgeschichte extra

Philipp Mittnik
Fragen der thematischen Auswahl in Bezug auf Nationalsozialismus und
Zweiter Weltkrieg für den Geschichtsunterricht. Dokumentation eines
interdisziplinären Projekts 517

Abstracts 537

Rezensionen

Markus Wurzer
Victoria Kumar/Gerald Lamprecht/Lukas Nievoll/Grit Oelschlegel/
Sebastian Stoff (Hg.), Erinnerungskultur und Holocaust Education im
digitalen Wandel. Georeferenzierte Dokumentations-, Erinnerungs- und
Vermittlungsprojekte 543

Anita Ziegerhofer
Michael Thöndl, Richard Nikolaus Graf Coudenhove-Kalergi,
die „Paneuropa-Union" und der Faschismus 1923–1944 545

Autor:innen 549

Christoph Kühberger

Editorial

Das vorliegende Heft widmet sich dem Thema „Auswahl – Was man im Geschichtsunterricht lernen soll" und beleuchtet die Herausforderungen und Limitationen, die Auswahlentscheidungen mit sich bringen. Historiker:innen sind in ihrer Arbeit stets mit Fragen der Auswahl konfrontiert (selektive Nutzung von Quellenbeständen, zeitliche und räumliche Fokussierung etc.). Derartige Fragen betreffen jedoch nicht nur die (Re-)Konstruktion von Vergangenheit, sondern zeigen sich auch in didaktischen Kontexten, die auf historisches Lernen abzielen: bei der Konzeption und Gestaltung von Ausstellungen, Lehrplänen, Sach- und Schulbüchern oder im Geschichtsunterricht, wo unter dem Druck der räumlichen und zeitlichen Rahmenbedingungen die Frage nach geeigneten „Gegenständen" virulent wird. Ausgehend von unterschiedlichen begrenzenden Momenten (Seitenumfang, Ausstellungsraum, Länge einer Unterrichtseinheit etc.) thematisieren die Beiträge verschiedene Aspekte der Auswahl und fragen danach, welche Lerngegenstände als geschichtsdidaktisch intentionale Gebilde in Schule und Museum in der ersten Hälfte des 21. Jahrhundert bereitgestellt werden (sollen).

Christian Heuer und Gerald Lamprecht behandeln zunächst grundlegende geschichtsdidaktische Fragen zur Auswahl. Anschließend verdeutlichen sie die Problematik am Beispiel einer Ausstellung zum Nationalsozialismus, die Lernenden die Herausforderungen der Auswahl näherbringen möchte. Da in der Ausstellung von den Besucher:innen selbst Geschichte erzählt werden soll, wird das Auswählen zu einer notwendigen Praktik des eigenen historischen Denkens.

Christoph Kühberger und Robert Obermair untersuchen auf Mesoebene die Auswahl zeitgeschichtlicher Themen im aktuellen österreichischen Geschichtslehrplan und gleichen ihre Erkenntnisse mit den thematischen Schwerpunkten der Zeitgeschichtsforschung in Österreich ab. Dies erfolgt durch eine empirische Analyse aktueller Vorträge und Veröffentlichungen, um systemische Homologien und thematische Potentiale herauszuarbeiten.

Heinrich Ammerer fokussiert in seinem Beitrag den Faktor Relevanz, um Lernmögliches von Lernwürdigem zu unterscheiden. Er greift dazu auch auf empirische Evidenzen aus einer Studierendenbefragung zurück, wodurch eine generationelle Sicht auf Zeitgeschichte gelingt.

Auch Andrea Brait beschäftigt sich empirisch mit schulischen Lernunterlagen aus dem Geschichtsunterricht von 53 Lernenden der Oberstufe, die sie über eine kategoriale Inhaltsanalyse erschließt, um so die Auswahl der Geschichtslehrpersonen für den Themenbereich „Nationalsozialismus und Holocaust" sichtbar zu machen.

Der abschließende Bericht von Philipp Mittnik präsentiert ein kollaboratives Projekt von Zeithistoriker:innen und Geschichtsdidaktiker:innen, die den Themenbereich „Nationalsozialismus und Holocaust" im Kontext des österreichischen Geschichtsunterrichts der Sekundarstufe I kritisch diskutierten. Im Rahmen eines gemeinsamen Auswahlprozesses wurden dabei zentrale Themen für den Geschichtsunterricht identifiziert und herausgearbeitet.

Artikel

Christian Heuer / Gerald Lamprecht

Das Auswahlproblem im Prozess historischen Lernens – Eine Perspektive auf Zeitgeschichte(n). Am Beispiel der Ausstellung ‚Warum? Der Nationalsozialismus in der Steiermark'

Im folgenden Beitrag soll die Praxis des Auswählens geschichtstheoretisch, geschichtsdidaktisch und aus der Perspektive der Zeitgeschichtsforschung diskutiert werden. Exemplifiziert werden die Überlegungen an der für ein historisch „lernendes" Publikum interdisziplinär konzipierten Dauerausstellung „Warum? Der Nationalsozialismus in der Steiermark" (2022–2028) im Grazer Museum für Geschichte. Ziel ist es ein – möglicherweise gelungenes – Beispiel der Auswahl und Strukturierung zeitgeschichtlicher Inhalte an einem geschichtskulturellen Ort zu präsentieren und zur Diskussion zu stellen.

1. Auswahl als „Einladung" – geschichtstheoretische Perspektiven

Auch wenn es auf den ersten Blick nicht so scheint, stellt das Auswählen die zentrale Praxis und den zentralen Moment geschichtswissenschaftlichen Arbeitens, des Doing History, dar. Geschichte als „das Ergebnis empirischen Wahrnehmens, Erfahrens und Forschens"[1] und deren „Vermittlung" ist ohne diese Praxis schlichtweg nicht denkbar. Die Vorstellung einer Repräsentation „der" Geschichte als einer Darstellung vergangenen Geschehens im Maßstab 1:1 würde letztlich die orientierende Funktion der Geschichtsschreibung verlieren. Dies gilt für die Gesellschaft insgesamt ebenso wie für ihre verschiedenen Handlungsfelder im Speziellen, etwa den Geschichtsunterricht oder das historische Museum.[2] Versteht man unter Geschichte keine verfügbare Entität der oder über die Vergangenheit, sondern ein jeweils gegenwärtiges, sprachlich-ge-

---
1 Johann Gustav Droysen, Grundriß der Historik, Leipzig 1868, 8.
2 Vgl. zu diesem Paradoxon die Geschichten um eine Karte im Maßstab 1:1 bei Jorge Luis Borges und Umberto Eco; geschichtswissenschaftlich thematisiert bei Alexander C.T. Geppert/Uffa Jensen/Jörn Weinhold, Verräumlichung. Kommunikative Praktiken in historischer Perspektive, 1840–1930, in: Dies. (Hg.), Ortsgespräche. Raum und Kommunikation im 19. und 20. Jahrhundert, Bielefeld 2005, 15–49.

bundenes Konstrukt mit dem jemand anhand von Quellen und Darstellungen eine historische Frage beantwortet, um Orientierung in Zeit und Raum für jemanden zu bieten, dann stellt diese Antwort lediglich eine mögliche Geschichte dar, die auf konkreten Auswahlentscheidungen beruht.[3] Aufgrund der Unverfügbarkeit der Vergangenheit und der daraus resultierenden Kontingenz des Historischen, der prinzipiellen Unbegrenztheit des „Erfahrungsraumes"[4], bedarf es der Auswahl durch die Instanz des historischen Erzählens. Ausgehend von der konkreten historischen Frage muss der/die historische ErzählerIn, „nach einem vorgefaßten, das historische Feld präfigurierenden Plan"[5], aus dem Universum historischen Materials auswählen, diese Texte als dadurch generierte Quellen anordnen und in narrative Kohärenzen überführen, um eine plausible Geschichte für jemanden erzählen zu können, die von jeweils anderen verstanden bzw. als plausible Deutung vergangenen Geschehens anerkannt werden kann.[6] Jede erzählte Geschichte stellt somit das Ergebnis einer perspektivischen Auswahlentscheidung dar. Sie ist eine „invitation to you to do something and not the assertion that something is the case."[7] Geschichte ist eine gegenwärtige kulturelle Praxis für jemanden, sei dies die Scientific Community für die HistorikerInnen, der familiäre Memory-Talk für die Großmutter oder der Geschichtsunterricht für die SchülerInnen. Geschichte ist das, was der Mensch konstruiert, um sich als Subjekt unter Anderen in seiner gegenwärtigen Lebenspraxis zu vergewissern und um sich für die Zukunft zu orientieren.[8] In diesem dialogischen Konstruktionsprozess werden Relationen zwischen „anwesend-abwesenden Zeiten"[9], zwischen Vergangenheiten, Gegenwarten und Zukünften hergestellt. Die so gewonnenen historischen Erzählungen als akteursspezifische Sinnbildungen

---

3 Vgl. Frank R. Ankersmit, History and Tropology. The Rise and Fall of Metaphor, Berkeley/Los Angeles/Oxford 1994, 88.
4 Reinhart Koselleck, Erfahrungsraum und Erwartungshorizont – zwei historische Kategorien, in: Ders., Vergangene Zukunft. Zur Semantik geschichtlicher Zeiten, Frankfurt/M. 1985, 349–375.
5 Hans-Jürgen Goertz, Unsichere Geschichte. Zur Theorie historischer Referentialität, Stuttgart 2001, 20.
6 Vgl. hierzu grundlegnd Jörn Rüsen, Historik. Theorie der Geschichtswissenschaft, Köln/Weimar/Wien 2013, 60–62; zum relationalen Charakter des historischen Erzählens vgl. Hans-Jürgen Pandel, Die wechselseitigen Erfahrungen von Erzähler und Zuhörer im Prozess des historischen Erzählens, in: Thiemo Breyer/Daniel Creutz (Hg.), Erfahrung und Geschichte. Historische Sinnbildung im Pränarrativen, Berlin/New York 2010, 93–108.
7 Ankersmit, History and Tropology, 88.
8 Christan Heuer/Manfred Seidenfuß, Problemorientierung revisited. Zur Reflexion einer geschichtsdidaktischen Wissensordnung, in: Christian Heuer/Manfred Seidenfuß (Hg.), Problemorientierung revisited. Zur Reflexion einer geschichtsdidaktischen Wissensordnung, Berlin 2020, 3–28.
9 Achim Landwehr, Gegenwart. Erkundungen im zeitlichen Diesseits, in: Thomas Alkemeyer, Nikolaus Buschmann/Thomas Etzemüller (Hg.), Gegenwartsdiagnosen. Kulturelle Formen gesellschaftlicher Selbstproblematisierung in der Moderne, Bielefeld 2019, 43–61, 53.

können in ihrer Qualität als Antwortmöglichkeiten besser als Zeit-Relationierungen, denn als Zeiterfahrungen verstanden werden.[10] Ausgangspunkte dieses Sinnbildungsprozesses[11], den man dann als historisches Denken bezeichnen kann, sind auf individueller und kollektiver Ebene historische Fragen, die sich angesichts von „irritierende[n] Kontingenzerfahrungen"[12] gegenwärtig stellen. Geschichten, wie sie in den unterschiedlichsten geschichtskulturellen Kontexten präsentiert werden, stellen somit Antworten auf solche historische Fragen dar. Es sind gegenwärtige und eben perspektivische Vorschläge, etwas Vergangenes zu sehen, um anhand historischen Materials gegenwärtig Orientierung zu bieten und Zukünftiges zu ermöglichen.

Dabei ist es von entscheidender Bedeutung an wen die „Einladung"[13] ausgesprochen wird, für wen welche Inhalte, Ereignisse und Zeitpunkte ausgewählt werden, um eine bestimmte Geschichte zu erzählen.

Diese für die geschichtswissenschaftliche Arbeit grundlegende Praxis des Auswählens ist abhängig vom gesellschaftlichen, politischen, medialen und wissenschaftlichen Kontext und aufgrund dieser grundlegenden Relationalität historischen Erzählens wandelbedürftig und umstritten. So bewegt sich insbesondere die Zeitgeschichtsschreibung als Deutung und Darstellung einer „Geschichte, die noch qualmt"[14], zwischen den verschiedenen Räumen der Scientific Community, der Geschichtspolitik und jenen der massenmedialen Öffentlichkeit.[15] Oftmals entstehen dadurch wirksame „Überlappungsräume"[16], in denen sich die verschiedenen AkteurInnen im Widerstreit um ihre jeweiligen Auswahlentscheidungen befinden.[17] Um sich innerhalb dieser Räume als kompetente AkteurInnen zu bewegen, braucht es ein Wissen um diese Partialität jeg-

---

10 Vgl. Jörn Rüsen, Historische Vernunft. Grundzüge einer Historik I: Die Grundlagen der Geschichts-wissenschaft, Göttingen 1983, 51.
11 Vgl. zur Sinnbildung jetzt Peter Geiss, dessen Kritik am Konzept jedoch ins Leere läuft, da er nicht zwischen Sinnstiftung und -bildung unterscheidet; Peter Geiss, Wie sinnbildend soll Geschichte sein? Historisches Lernen und Geschichtskultur zwischen Kritik und Affirmation, in: Manuel Köster/Holger Thünemann (Hg.), Geschichtskulturelle Transformationen. Kontroversen, Akteure, Praktiken, Köln 2024, 249–270.
12 Jörn Rüsen, Historisches Erzählen, in: ders., Zerbrechende Zeit. Über den Sinn der Geschichte, Köln 2001, 43–105, 95.
13 Ankersmit, History and Tropology, 88.
14 Hans-Peter Schwarz, Die neueste Zeitgeschichte, in: Vierteljahreshefte für Zeitgeschichte 51 (2003) 1, 5–28, 5.
15 Vgl. Hans Günter Hockerts, Zugänge zur Zeitgeschichte. Primärerfahrung, Erinnerungskultur, Geschichtswissenschaft, in: Aus Politik und Zeitgeschichte (2001) B28, 15–30.
16 Paul Nolte, Öffentliche Geschichte. Die neue Nähe von Fachwissenschaft, Massenmedien und Publikum: Ursachen, Chancen und Grenzen, in: Michele Barricelli/Julia Hornig (Hg.), Aufklärung, Bildung, „Histotainment"? Zeitgeschichte in Unterricht und Gesellschaft heute, Frankfurt a. M. 2008, 131–146, 133.
17 Vgl. Martin Sabrow/Ralph Jessen/Klaus Große Kracht (Hg.), Zeitgeschichte als Streitgeschichte. Große Kontroversen seit 1945, München 2003.

licher historischer Erkenntnis. Denn diese um Deutungsmacht konkurrierenden, sich oftmals widersprechenden, manchmal empirisch nicht plausiblen Geschichten prägen unsere individuellen Vorstellungen von der Vergangenheit, unser individuelles Geschichtsbewusstsein und fordern uns als „Mitlebende"[18] zur gegenwärtigen Orientierung, zum kritischen und reflektierten historischen Denken heraus.[19] Mit diesen Zeitgeschichten werden aber keine Lösungen im Sinne zeitüberdauernder Antworten präsentiert, sondern lediglich gegenwärtige Vorschläge und Möglichkeiten skizziert, etwas so erklären und verstehen zu können, indem Relationen zwischen Vergangenheiten, Gegenwarten und Zukünften für jemanden konstruiert werden. Dies gilt für die professionelle Geschichtsschreibung wie für die historischen Erzählungen der „practical past"[20]. So verstanden ist Geschichte offen-pluralistisch und fordert zum Finden des eigenen Standpunktes als der Möglichkeit „Ich" sagen zu können heraus.[21] Gleichwohl generieren diese erzählte(n) Geschichte(n) Probleme, wenn sie von den/dem jeweils Anderen nicht verstanden werden und/oder nicht akzeptiert und verstanden werden wollen. Geschichte hat also einen impliziten Aufforderungscharakter, sich als AkteurIn in komplexen Situationen zu positionieren. Die eine (Zeit-)Geschichte aber, überzeitlich und universal gültig, kann es deshalb nicht geben. (Zeit-)Geschichte(n) löst eben keine, sondern generiert fortwährend Probleme.[22]

---

18 Hans Rothfels, Zeitgeschichte als Aufgabe, in: Vierteljahresheft für Zeitgeschichte 1 (1953) 1, 1–13, 2.
19 Vgl. Christian Heuer, Geschichtsdidaktik, Zeitgeschichte und Geschichtskultur, in: Geschichte, Politik und ihre Didaktik 33 (2005), 170–175, 172; Christoph Kühberger, Zeitgeschichte und Geschichtsunterricht, in: Marcus Gräser/Dirk Rupnow (Hg.), Österreichische Zeitgeschichte – Zeitgeschichte in Österreich. Eine Standortbestimmung in Zeiten des Umbruchs, Wien 2021, 759–782.
20 Hayden White, The Practical Past, in: Historein 10 (2010), 10–19.
21 Ein auf diesem Verständnis beruhendes Geschichtslernen kann gar nicht anders als subjektorientiert sein. Vgl. zur Subjektorientierung historischen Lernens Christoph Kühberger/Robert Schneider-Reisinger, Subjektorientierung, in: Sebastian Barsch u. a. (Hg.), Handbuch Diversität im Geschichtsunterricht. Inklusive Geschichtsdidaktik, Frankfurt a. M. 2020, 27–36. (Schulisches) Geschichtslernen kann so verstanden auch als kulturelle Subjektivierungspraktik analysiert werden, durch die der Mensch erst zum adressierbaren „Jemand" wird, in dem er am relationalen Prozess des *Doing History* teilnimmt. In diesem Zusammenhang lassen sich das Verstehen und Erzählen von Geschichte(n) auch als Formen kulturellen Kapitals akzentuieren und so die Distinktionspotentiale und die Funktionen schulischen Geschichtslernens im Kontext sozialer Differenzierungsprozesse in das Zentrum geschichtsdidaktischer Analysen rücken; vgl. hierzu auch Christian Heuer, Klasse im Diskurs der Geschichtsdidaktik, in: Sebastian Barsch u. a. (Hg.), Handbuch Diversität im Geschichtsunterricht. Inklusive Geschichtsdidaktik, Frankfurt a. M. 2020, 135–145.
22 Hans-Jürgen Goertz, Was können wir von der Vergangenheit wissen? Paul Valéry und die Konstruktivität der Geschichte heute, in: Geschichte in Wissenschaft und Unterricht 60 (2009), 692–706, 706.

2. Auswahl von Würdigem und Möglichem – geschichtsdidaktische Perspektiven

Die Praxis des Auswählens spielt ebenso für das schulische und außerschulische Geschichtslernen, den Geschichtsunterricht und die ihm zugrunde liegenden Lehr- und Bildungspläne eine zentrale Rolle. Auch hier zählt die Praxis des Auswählens „zu den wesentlichen Fragen geschichtsdidaktischer Reflexion"[23]. Der Streit um die ausgewählten Inhalte, Begründungen und Ziele unter den unterschiedlichen AkteurInnen folgt bildungspolitischen Wiederholungsstrukturen.[24]

Die Frage nach der „verständige[n] Auswahl des Wichtigen und Wesentlichen"[25] für den schulischen Geschichtsunterricht, also die Auswahl geeigneter, sinnvoller, relevanter oder wirksamer Inhalte und Themen, Medien und Methoden[26], begleitet den Diskurs des Geschichtsunterrichts seit seiner Institutionalisierung als staatlich legitimierte Lerngelegenheit im 19. Jahrhundert und ist seitdem eine „Daueraufgabe"[27]. Lange vor der akademischen Disziplinierung geschichtsdidaktischen Denkens wurden die Fragen, welche Inhalte für das Geschichtslernen in der Schule auszuwählen seien und anhand welcher Relevanzkriterien diese Auswahl zu erfolgen habe, also die Fragen nach dem Was, Warum und Wie des historischen Lehrens und Lernens, von engagierten Schulmeistern intensiv erörtert.[28] Und da nicht jedes Thema der historischen Forschung bereits ein relevanter Gegenstand für das historische Lernen ist, wurden auch damals schon die unterschiedlichen Auffassungen und Vorschläge in keinen Konsens überführt. Das Auswahlproblem blieb ungelöst und ist es bis heute geblieben.

---

23 Klaus Bergmann, Auswahl, in: Klaus Bergmann u. a. (Hg.), Handbuch der Geschichtsdidaktik, 5., überarb. Aufl., Seelze-Velber 1997, 272–276, 272.
24 Vgl. bspw. Peter Stolz, Alle Jahre wieder. Lehrplanrevision in Berlin und Brandenburg, in: Public History Weekly 3 (2015) 8, DOI: dx.doi.org/10.1515/phw-2015-3714 (abgerufen 11.02.2024).
25 Georg Schömann, Ueber den Vortrag der Geschichte auf Schulen, in: Wolfgang Jacobmeyer/Holger Thünemann (Hg.), Grundlegung und Ausformung des deutschen Geschichtsunterrichts. Schulische Diskurse zur Didaktik und Historik im 19. Jahrhundert, Berlin 2018, 33–37, 36.
26 Im geschichtsdidaktischen Diskurs wird unter der Auswahlproblematik in erster Linie die Auswahl geeigneter Inhalte für den Geschichtsunterricht verstanden; vgl. Bernd Schönemann, Auswahl, in: Ulrich Mayer u. a. (Hg.), Wörterbuch Geschichtsdidaktik. 4. Aufl. Frankfurt a. M. 2022, 33–34, 33. Die folgenden Ausführungen versuchen dem konstitutiven Zusammenhang von den Dimensionen der Ziele, Inhalte, Medien und Methoden gerecht zu werden und gehen damit von einem erweiterten Auswahlverständnis aus.
27 Schönemann, Auswahl, 34.
28 Vgl. Wolfgang Jacobmeyer/Holger Thünemann, Einleitung, in: Dies. (Hg.), Grundlegung und Ausformung des deutschen Geschichtsunterrichts. Schulische Diskurse zur Didaktik und Historik im 19. Jahrhundert, Berlin 2018, 5–23, 10.

Auch wenn es seit der Formierung der wissenschaftlichen Disziplin Geschichtsdidaktik in den 1970er-Jahren eine der Hauptaufgaben der Geschichtsdidaktik als Reflexionswissenschaft historischen Lehrens und Lernens ist, „didaktisch zu reflektieren, um Lernwürdiges von Lernmöglichem"[29] zu unterscheiden und mittlerweile mehrere Prinzipien und Vorschläge von Seiten geschichtsdidaktischer AkteurInnen zur Auswahl und Strukturierung geeigneter Inhalte, Themen, Methoden und Medien vorliegen,[30] hat sich an der Problemstellung selbst bis heute nichts geändert.[31] Immer noch und immer wieder, und insbesondere im Kontext von gesellschaftlichen Krisensituationen und ihren Effekten im Raum des Politischen (bspw. Wissenschaftsfeindlichkeit, antidemokratische Tendenzen und gruppenbezogene Menschenfeindlichkeit), befinden sich dabei die unterschiedlichen Funktionen des schulischen Geschichtslernens und die gesellschafts- und bildungspolitischen Erwartungen an den schulischen Geschichtsunterrichts und das Geschichtslernen im Widerstreit. So stehen sich die sie artikulierenden AkteurInnen (Wissenschaft, Schulpraxis, Bildungspolitik) oftmals diametral gegenüber. Geschichte gibt es dann immer wieder zu wenig oder zu viel. Zu wenig von der „richtigen" und zu viel von der „falschen".

Die zu dieser Unterscheidung von Lernwürdigem und Lernmöglichem heranzuziehenden Kriterien unterliegen also selbst historischem Wandel, sie sind zeit- und kontextabhängig. Deren theoretische Ergründung jedoch stellt eine der zentralen geschichtsdidaktischen Aufgaben dar. Versteht man unter dem Zweck des Geschichtslernens nicht die Übernahme hegemonialer Masternarrative über „die" Geschichte, sondern die jeweils gegenwärtige Auseinandersetzung mit eben diesen, um sich im geschichtskulturellen Raum und an seinen verschiedenen Orten als mitsprachefähige AkteurInnen durch historisches Denken und politisches Handeln zu positionieren, dann lassen sich für eine genuin geschichtsdidaktische Reflexion der Auswahlproblematik mehrere Punkte benennen[32]:

Die Auswahl geeigneter Inhalte, Medien und Methoden des Geschichtslernens muss sich in erster Linie auf die jeweils spezifischen Bedürfnisse und Interessen derjenigen beziehen, die am spezifischen geschichtskulturellen Ort (Geschichtsunterricht, Museum etc.) im jeweiligen Setting zur Praxis des historischen Denkens und seinen verschiedenen Praktiken herausgefordert werden sollen. Das ist leichter gesagt als getan. Denn von einer Homogenität der Inter-

---

29 Klaus Bergmann/Jörn Rüsen, Zum Verhältnis von Geschichtswissenschaft und Geschichtsdidaktik, in: Dies. (Hg.), Geschichtsdidaktik. Theorie für die Praxis, Düsseldorf 1978, 7–13, 13.
30 Vgl. Ulrich Baumgärtner, Wegweiser Geschichtsdidaktik. Historisches Lernen in der Schule. 2. Aufl., Paderborn 2019, 94–98.
31 Vgl. Schönemann, Auswahl, 33–34.
32 Die folgenden Überlegungen greifen die „Auswahlgesichtspunkte" von Klaus Bergmann auf und führen diese weiter; vgl. Bergmann, Auswahl, 273.

essen und Bedürfnisse der Lernenden, etwa von SchülerInnen im Geschichtsunterricht der Sekundarstufe 1, auszugehen, kommt einem Anachronismus gleich. Mit der konstitutiven Offenheit des Geschichtslernens einher geht deshalb am geschichtskulturellen Ort Schule die Schwierigkeit, Lernprozesse im Geschichtsunterricht für SchülerInnen zu gestalten, die sich in gegenwärtigen Gesellschaften eben gerade nicht durch die Homogenität der individuellen Lebenswelten auszeichnen. Angesichts der Realität des postmigrantischen Klassenzimmers kann dort ebenso wenig wie von „der" Geschichte, „dem" Schüler oder „der" Schülerin gesprochen werden. Es kann auch nicht von „der" Lebenswelt oder „dem" sozialen Ort ausgegangen werden. SchülerInnen des 21. Jahrhunderts entstammen unterschiedlichen Herkunftsländern, unterschiedlichen Milieus, haben unterschiedliche Sozialisationserfahrungen und verschiedenste individuelle Lernvoraussetzungen und sprachliche Fähigkeiten. In Folge dieser Diversität begegnen sich im sozialen Raum Klassenzimmer demnach nicht nur unterschiedliche Weltbilder, „Wirklichkeitsmodelle"[33], Lebenswelten sowie soziale und politische Milieus mit ihren unterschiedlich ausgeprägten Habitusschemata, sondern damit verbunden auch vielfältige und stark unterschiedliche Geschichtsbilder mit ihren inhärenten Gegenwartsbezügen und Werturteilen. Gerade hier tritt das andauernde Problem der individuellen historischen Sinnbildung im Spannungsfeld von institutionellen Ansprüchen, geschichtskulturellen Angeboten und individuellen Bedürfnissen vor dem Hintergrund sozialer Ungleichheiten offen zu Tage. Aus diesen heterogenen Lebenswelten heraus bilden sich unterschiedliche Erfahrungen, vor denen sich Geschichtslernen bewusst oder unbewusst vollzieht. Wenn dieses als sinnvoll von SchülerInnen erfahren werden soll, muss es seinen Ausgang von diesen diversen Lebenswelten nehmen. So weiß man mittlerweile aus der empirischen Lehr-Lernforschung, dass es für das wirksame und gute Geschichtslernen im Geschichtsunterricht unabdingbar ist, dass geschichtskulturell relevante Inhalte im Unterricht gemeinsam verhandelt werden, so dass die Bedeutsamkeit der Unterrichtsinhalte für SchülerInnen durch sie selbst anerkannt wird und sie erfahren, dass diese Inhalte und historischen Fragen etwas mit ihnen zu tun haben.[34]

Selbstverständlich soll damit nicht einem Angebot-Nutzungs-Modell vom Geschichtslernen das Wort geredet werden, das letztlich einer ökonomischen

---

33 Siegfried J. Schmidt, Geschichten & Diskurse. Abschied vom Konstruktivismus, Reinbek bei Hamburg 2003, 34.
34 Vgl. Meik Zülsdorf-Kersting, Qualitätsmerkmale von Geschichtsunterricht. Zum Verhältnis generischer und fachspezifischer Merkmale, in: Unterrichtswissenschaft (2020) 48, 385–407, 399.

Logik folgt.³⁵ So hat insbesondere das schulische Geschichtslernen zum Ziel, SchülerInnen mit etwas zu konfrontieren, das ihnen fremd ist und das sie zum historischen Denken herausfordert. Geschichtslernen und die an den verschiedenen geschichtskulturellen Orten tätigen und für die Ermöglichung historischen Denkens verantwortlichen *Professionals* schaffen also nicht nur Angebote, die wirken und befriedigen keine Bedürfnisse ihrer Klientel, sondern definieren diese Bedürfnisse auch und geben den Rahmen vor.

Dieser Rahmen verlangt aus geschichtsdidaktischer Perspektive ein Geschichtslernen, das als „Diskursraum"³⁶ offen ist, reich an Materialien des Historischen (Quellen und Darstellungen) ist, Multiperspektivität einfordert, nach vielfältigen Geschichten verlangt, sie auf ihre Triftigkeiten hin gemeinsam untersucht und unterschiedliche Deutungen zulässt und gemeinsam kommunikativ verhandelt.³⁷ Geschichtslernen hat dann zum Zweck, dass historisches Erzählen als Sinn-Bilden und Sinn-Verstehen in kommunikativen Beziehungen zwischen geschichtskulturellen AkteurInnen, an unterschiedlichen geschichtskulturellen Orten, in unterschiedlichen geschichtskulturellen Formen und durch verschiedene geschichtskulturelle Praktiken (bspw. GeschichtslehrerInnen und SchülerInnen im Geschichtsunterricht an Schulen, KulturvermittlerInnen und BesucherInnen in Ausstellungen im historischen Museum) thematisiert wird, um geschichtskulturelle Orientierung und Teilhabe an gesellschaftlichen Aushandlungsprozessen zu ermöglichen. Dabei bewegt sich die Praxis des Auswählens geeigneter Inhalte, Medien und Methoden zwischen den „normativen Leitplanken"³⁸ der Bildungs- und Lehrpläne der jeweiligen Länder und den auf Rationalität zielenden Erkenntnissen der historischen Forschung. Aber auch diese symbolischen Ordnungen müssen im Prozess des gemeinsamen Geschichtslernens als befragungswürdig und -bedürftig thematisiert und kritisiert werden.³⁹ Auch die für Geschichte(n) konstitutive Praxis des Auswählens muss

---

35 Vgl. Christian Heuer, Gute Aufgaben?! Plädoyer für einen geschichtsdidaktischen Perspektivenwechsel, in: Christoph Kühberger/Roland Bernhardt/Christoph Bramann (Hg.), Das Geschichtsschulbuch. Lernen – Lehren Forschen, Münster/New York 2019, 147–160, 154–155.
36 Holger Thünemann/Johannes Jansen, Historisches Denken lernen, in: Sebastian Bracke u. a., Theorie des Geschichtsunterrichts, Frankfurt a. M. 2018, 71–106, 72.
37 Vgl. Michele Barricelli, Diversität und historisches Lernen. Eine besondere Zeitgeschichte, in: Aus Politik und Zeitgeschichte 68 (2018), 48–54; Christian Heuer, „Gemeinsam erzählen" – Offener Unterricht, Aufgabenkultur und historisches Lernen, in: Michele Barricelli/Axel Becker/Christian Heuer (Hg.), Jede Gegenwart hat ihre Gründe. Geschichtsbewusstsein, historische Lebenswelt und Zukunftserwartung im frühen 21. Jahrhundert, Schwalbach/Ts. 2011, 46–60.
38 Kühberger, Zeitgeschichte und Geschichtsunterricht, 766.
39 Der Erziehungswissenschaftler Thomas Rucker hat aus Sicht der Allgemeinen Didaktik überzeugend für einen bildenden Unterricht als „Praxis des Gründe-Gebens und Nach-Gründen-Verlangens" plädiert, der auch für die hier skizzierten geschichtsdidaktischen Überlegungen Anschlussfähigkeit beweist. Dabei spezifiziert er die dialogische Führung in

zum Gegenstand des gemeinsamen Geschichtslernens gemacht und selbst gelernt werden, damit von SchülerInnen und BesucherInnen zukünftig kompetent mit Geschichte(n) umgegangen werden kann.

3. Auswahl für die „Mitlebenden" – zeitgeschichtliche Perspektiven

Dass dieses mehrdimensionale Auswahlproblem für die Epoche der Zeitgeschichte virulent ist, liegt auf der Hand. Denn insbesondere in Zeiten einer „breiten Gegenwart", in der so vieles gleichzeitig relevant ist bzw. zu sein scheint, den ZeitgenossInnen in ihrer Diversität alles scheinbar zur Verfügung steht und sich die wissenschaftlichen Zugriffe und Erkenntnisse der Zeitgeschichtsforschung längst nicht mehr überblicken lassen, erscheint die Auswahl geeigneter Inhalte, Themen, Medien und Methoden, die es Individuen ermöglichen, sich gegenwärtig in Zeit und Raum im Modus historischen Erzählens zu positionieren, mehr als je zuvor als großes Problem. Zusätzliche Anforderungen an die Geschichte als Instrumentarium der staatsbürgerlichen Bildung und Identitätsstiftung im nationalen und europäischen Sinne stellen die an diesen Prozessen beteiligten AkteurInnen vor zentrale Herausforderungen.

Hinzu kommt für die Zeitgeschichtsforschung im besonderen Maße das Problem der Deutungskonkurrenz.[40] Denn die Zeitgeschichte in ihrer klassischen Definition nach Hans Rothfels als Epoche der Mitlebenden befasst sich mittels historischer Methoden mit jenen Ereignissen, von denen viele Menschen noch aus eigener Erfahrung berichten können und die im kommunikativen Familiengedächtnis vieler SchülerInnen präsent sind. Vor dem Hintergrund des postmigrantischen Klassenzimmers wird somit die Frage der Auswahl zeithistorischer Themen auch immer mit der Frage kontrastiert, wessen Geschichte denn behandelt und erzählt wird.

So erlangen neben der Geschichte des Nationalsozialismus zunehmend neue Themenfelder gesellschafts- und erinnerungspolitische Relevanz, wie der sogenannte „Historikerstreit 2.0" zeigte. Fragen nach dem nationalsozialistischen Erbe treten in Beziehung zu jenen nach dem Erbe des Kolonialismus und neben

---

dreifacher Hinsicht: „nämlich als Ermöglichung eigener Einsicht, als Ermöglichung eigener Urteile sowie als Ermöglichung der Thematisierung und Prüfung der Voraussetzungen, die unseren Beschreibungen – seien diese umstritten oder nicht – zugrunde liegen"; Thomas Rucker, Unterricht als Praxis des Gründe-Gebens und Nach-Gründen-Verlangens. Über die methodische Grundstruktur eines Unterrichts mit Bildungsanspruch, in: Pädagogische Rundschau 72 (2018), 465–484, 481.
40 Vgl. Gabriele Metzler, Zeitgeschichte – Begriff – Disziplin – Problem, in: Frank Bösch/Jürgen Danyel (Hg.), Zeitgeschichte – Konzepte und Methoden, Göttingen 2012, 22–46, 39–40.

der Geschichte und Gegenwart des Antisemitismus wird jene des Rassismus immer virulenter.[41] Die Methode des historischen Vergleichs steht damit ebenso am Prüfstand wie auch zeithistorische Themen angesichts aktueller Krisen und Kriege hoch emotionalisiert Gegenstand politscher und gesellschaftlicher Debatten sind.[42] Nicht zuletzt die Auswirkungen des terroristischen Überfalls der Hamas auf Israel am 7. Oktober 2023 auf österreichische Bildungs- und Schuldebatten zeigen, wie rasch in dieser gesellschaftspolitischen Gemengelage historische Themenauswahl und Themensetzungen im schulischen Kontext in Kritik geraten können. Wird der Geschichte des Nah-Ost-Konflikts ebenso wie der Geschichte des Antisemitismus genügend Aufmerksamkeit im Geschichtsunterricht geschenkt, um Antworten auf die aktuelle Krise zu liefern?[43] Wo bleibt aber auch angesichts der zunehmenden antimuslimischen Ressentiments die schulische Auseinandersetzung damit und steckt dahinter nicht wieder eine Relativierung des Antisemitismus? Darf man den Holocaust im Paket mit anderen Gewaltverbrechen und Genoziden des 20. und 21. Jahrhunderts behandeln?[44]

All diese Fragen verdeutlichen, dass vor allem im Bereich der Zeitgeschichtsforschung und des zeithistorischen Unterrichts Fragen der Auswahl nicht immer nur von wissenschaftlichen Debatten über Übermaß oder Mangel an historischen Quellen oder entlang von Forschungsdesiderata angestoßen werden. Es sind bildungs- und identitätspolitische Intentionen ebenso wie gegenwärtige gesellschaftliche und politische Bedürfnisse, die den Auswahlprozess begleiten.

---

41 Vgl. Michael Wildt, Historikerstreit 1.0, 2.0, in: Susan Neiman/Michael Wildt (Hg.), Historiker streiten. Gewalt und Holocaust – Die Debatte, Berlin 2022, 309–327.
42 Vgl. Michael Rothberg, Vergleiche vergleichen: Vom Historikerstreit zur Causa Mbembe, in: Geschichte der Gegenwart, 23.9.2020. https://geschichtedergegenwart.ch/vergleiche-verglei chen-vom-historikerstreit-zur-causa-mbembe/ (abgerufen: 10.6.2024).
43 Nach dem 7. Oktober wurden zahlreiche Versuche unternommen, die Lücken durch Unterrichtsmaterialien zu schließen. Vgl. Konflikt im Nahen Osten: Maßnahmen und Angebote. https://www.bmbwf.gv.at/Themen/schule/schulpraxis/ugbm/nahost.html (abgerufen: 12.6.2024).
44 Die Virulenz dieser Fragen zeigte sich nicht zuletzt an der zeitlich verzögerten Debatte um das Konzept der multidirektionalen Erinnerung von Michael Rothberg. Erstmals 2009 in Buchform auf Englisch publiziert erregten die Thesen im deutschsprachigen Raum erst im Zuge des sogenannten Historikerstreits 2.0 breitere Aufmerksamkeit. Vgl. Michael Rothberg, Multidirectional Memory. Remembering the Holocaust in the Age of Decolonization, Stanford 2009.

4. Befragen, Auswählen, Anordnen, Erzählen – Die Ausstellung „Warum? Der Nationalsozialismus in der Steiermark"

In seinem posthum erstmals 1949 publizierten Text „Apologie der Geschichtswissenschaft oder Der Beruf des Historikers" hielt der 1944 von den Nationalsozialisten ermordete Marc Bloch fest, dass der „Historiker angesichts der unermeßlichen und verworrenen Wirklichkeit gezwungen [ist], aus ihr jene Stellen herauszugreifen, an denen er seine Werkzeuge ansetzt; er muß aus ihr eine Auswahl treffen, die selbstverständlich nicht dieselbe sein wird wie zum Beispiel die eines Biologen: sie wird eben die Auswahl eines Historikers sein."[45] Neben forschungsimmanenten Desiderata, neuen theoretischen und methodischen Ansätzen sowie der Verfügbarkeit historischer Quellen sind forschungsleitende Fragestellungen ebenso wie Vermittlungsangebote somit immer auch gesellschafts-, erinnerungs- und bildungspolitisch eingebettet.

Im vorliegenden Fall war es zunächst der Wunsch des Museums für Geschichte des Universalmuseums Joanneum in Graz, nach der über einige Jahre erfolgreich gelaufenen Ausstellung „Bertl & Adele. Zwei Grazer Kinder im Holocaust"[46] eine neue historische Ausstellung zum Nationalsozialismus in der Steiermark zu gestalten. Dabei folgte die Museumsleitung letztlich einer Entwicklung der Holocaust Studies, wonach eine zunehmende Verschiebung von der Erforschung des Holocausts zu Fragen der Vermittlung festzustellen ist.[47] Eine Verschiebung, die nicht zuletzt durch das Verschwinden der Erfahrungsgeneration, den ZeitzeugInnen, ebenso begünstigt wird, wie durch Entwicklungen der Erinnerungskultur, die unter dem Namen der Holocaust Education vor allem Bildungseinrichtungen und damit ein jugendliches und lernendes Publikum adressiert.[48] So wurden beispielsweise bereits 1997 im Entschließungsantrag zur Einführung des österreichischen Gedenktages gegen Gewalt und Rassismus im Gedenken an die Opfer des Nationalsozialismus explizit Schulen, das Bundes-

---

45 Marc Bloch, Apologie der Geschichtswissenschaft oder Der Beruf des Historikers, Stuttgart 2022, 26–27.
46 Die von Ruth Kaufmann, Luka Girardi und Thomas Szammer kuratierte und von Uwe Kohlbauer gestaltete Ausstellung wurde zwischen 2018 und 1021 gezeigt. https://www.museum-joanneum.at/museum-fuer-geschichte/unser-programm/ausstellungen/event/bertl-adele-2 (abgerufen am 12.6.2024). Vgl. Ruth Kaufmann/Uwe Kohlhammer, Bertl & Adele. Die Geschichte von zwei Kindern in der Zeit des Holocaust, Graz 2020.
47 Hans-Joachim Hahn/Bettina Bannasch, Einleitung: Multimediale und multidirektionale Erinnerung an den Holocaust, in: Bettina Bannasch/Hans-Joachim Hahn (Hg.), Darstellen, Vermitteln, Aneignen. Gegenwärtige Reflexionen des Holocaust, Göttingen 2018, 9–25, 12.
48 Vgl. International Holocaust Remembrance Alliance, Empfehlungen für das Lehren und Lernen über den Holocaust, o.O. 2019.

heer und der Zivildienst als Erinnerungsakteure angesprochen.[49] Diese sollten mit ihrem Tun sowohl die Erinnerung an die Opfer des Nationalsozialismus wach halten, als auch den Wert von Demokratie und Menschenrechten für die gegenwärtige Gesellschaft untermauern. Erinnerung an und historisches Lernen über den Nationalsozialismus wurden und werden damit vorrangig zu Instrumenten der Demokratie- und Menschenrechtsbildung.

Ausgehend von diesem erinnerungs- und bildungspolitischen Auftrag des Museums als Bildungseinrichtung konstituierte sich ein interdisziplinäres Team aus Geschichtsdidaktikern, Historikern, Museumsexpertinnen und Gestalterinnen, das bereits in der Konzeptionsphase zeithistorische, museumspädagogische und geschichtsdidaktische Perspektiven zusammenzubringen versuchte. Inhaltlich eingebettet war diese Arbeit in die Geschichte der zeithistorischen Auseinandersetzung mit dem Nationalsozialismus in der Steiermark, die sich in die allgemein verspätete historische Aufarbeitung der NS-Zeit und des Holocausts in Österreich einreiht.

So setzte eine geschichtswissenschaftliche Beschäftigung mit dem Nationalsozialismus sowie der Kultur und Geschichte ebenso wie der Verfolgung der jüdischen Bevölkerung in der Steiermark und dem Widerstand nach 1945 erst in den späten 1960er-Jahren ein. Dabei ist festzustellen, dass die ersten Arbeiten in der Regel von unmittelbar Betroffenen/Opfern selbst verfasst wurden[50], während sich die institutionalisierte steirische Landesgeschichtsschreibung in den ersten Nachkriegsjahrzehnten vor allem durch zahlreiche personelle Kontinuitätslinien in die NS-Zeit auszeichnete und weitgehend der österreichischen Opferdoktrin folgte oder die NS-Zeit vollkommen ausklammerte.[51]

Mit dieser Tradition der verdrängenden Landesgeschichtsschreibung, die sich vor allem im verklärenden Rückgriff auf die Monarchie und in der Steiermark in besonderer Weise auf den „Steirischen Prinzen" Erzherzog Johann übte,[52] brach schließlich ab den späten 1970er- und frühen 1980er-Jahren eine neue ForscherInnengeneration, die nicht dem unmittelbaren Wirkungsbereich des Historischen Vereins für Steiermark oder der Historischen Landeskommission als den tragenden Institutionen der Landesgeschichte zuzurechnen war. Es war vielmehr eine junge Generation von Lehrenden oder Studierenden an der Karl-

---

49 Vgl. Nr. 910 der Beilagen der XX. Gesetzgebungsperiode: https://www.parlament.gv.at/dokument/XX/I/910/fname_139782.pdf (abgerufen: 12.6.2024).
50 Mosche Karl Schwarz, The Jews of Styria, in: Josef Fraenkel (Ed.), The Jews of Austria. Essays on their life, history and destruction, London 1967, 391–394.
51 Vgl. exemplarisch Steiermärkische Landesregierung (Hg.), Die Steiermark. Land – Leute – Leistung, Graz 1956. 1971 wurde eine erweiterte Neuauflage publiziert. Steiermärkische Landesregierung (Hg.), Die Steiermark. Land – Leute – Leistung, Graz 1971.
52 Vgl. dazu Landesmuseum Joanneum (Hg.), „Die Steiermark auf Bewährung 1945–1959". Eine mögliche Bildergeschichte, Graz 2005.

Franzens-Universität Graz, die sich der kritischen Zeitgeschichtsforschung der Steiermark zuwandte.[53] Mit der Gründung der Abteilung Zeitgeschichte (1984) entstanden in ihrem Umfeld teils unter Berücksichtigung neuer Methoden wie der Oral History[54] eine Reihe von Arbeiten zur NS-Geschichte der Steiermark, dem Widerstand gegen den Nationalsozialismus, der Euthanasie, der jüdischen Geschichte ebenso wie der Gedächtnisgeschichte.[55]

Doch die Ambivalenzen dieser Phase der NS-Forschung zwischen dem Verharren in alten Nachkriegsnarrativen und einem Aufbruch im Zuge der erinnerungspolitischen Wende der 1980er-Jahre verdeutlichen sich an der 1976 publizierten Dissertation von Stefan Karner „Kärntens Wirtschaft 1938–1945"[56] und an seiner 1986 publizierten Habilitationsschrift „Die Steiermark im Dritten Reich".[57] Stellte Karner 1976 seiner Dissertation ein Nachwort von Albert Speer zur Seite, so war sein Buch zur NS-Zeit in der Steiermark zwar die erste Monographie, die sich ausschließlich mit der NS-Herrschaft beschäftigte. Karner legte hierbei seinen Schwerpunkt jedoch auf die Wirtschaftspolitik, bzw. die Wirtschafts- und Sozialgeschichte und positionierte die Verfolgung der jüdischen Bevölkerung aber auch die Geschichte des Widerstandes am Rand seiner historischen Erzählung.[58]

---

53 Vgl. z. B. Steirische Gesellschaft für Kulturpolitik (Hg.), Grenzfest deutscher Wissenschaft. Über Faschismus und Vergangenheitsbewältigung an der Universität Graz, Wien 1985; Christian Fleck, Koralmpartisanen. Über abweichende Karrieren politisch motivierter Widerstandskämpfer, Wien-Köln-Weimar 1986; Vgl. u. a. Dieter A. Binder, J.A.V. Charitas Graz 1929–1938. Ein Beitrag zum Problem des Farbenrechts jüdisch-akademischer Verbindungen auf österreichischem Hochschulboden, in: Historisches Jahrbuch der Stadt Graz 10 (1978), 285–294; Dieter A. Binder, Das Schicksal der Grazer Juden 1938, in: Historisches Jahrbuch der Stadt Graz 18/19 (1988), 203–228; Dieter A. Binder/Gudrun Reitter/Herbert Rütgen, Judentum in einer antisemitischen Umwelt. Am Beispiel Graz in der Zwischenkriegszeit, Graz 1988; Herbert Rütgen, Antisemitismus in allen Lagern. Publizistische Dokumente zur Ersten Republik Österreich 1918–1938, Graz 1989; Helmut Konrad, Die „Grazer Zeitgeschichte". Eine sehr persönliche Annäherung, in: Helmut Konrad/Stefan Benedik (Hg.), Mapping Contemporary History II. 25 Jahre Zeitgeschichte an der Universität Graz, Wien-Köln-Weimar 2010, 9–21, 12.
54 Hier sei exemplarisch auf die Arbeiten von Andrea Strutz verwiesen. U. a. Andrea Strutz, H.D., E.G., A.N. und E.B. Das Schicksal Grazer Jüdinnen in der NS-Zeit, in: Carmen Unterholzer/Ilse Wieser (Hg.), Über den Dächern von Graz ist Liesl wahrhaftig. Eine Stadtgeschichte der Grazer Frauen, Wien 1996, 188–198.
55 Vgl. v. a. die Arbeiten zum österreichischen Gedächtnis von Heidemarie Uhl. Exemplarisch: Heidemarie Uhl, Zwischen Versöhnung und Verstörung. Eine Kontroverse um Österreichs historische Identität fünfzig Jahre nach dem „Anschluß", Wien-Köln-Weimar 1992.
56 Vgl. Stefan Karner, Kärntens Wirtschaft 1938–1945. Unter besonderer Berücksichtigung der Rüstungsindustrie, Klagenfurt 1976. (Mit einem Nachwort von Albert Speer.)
57 Vgl. Stefan Karner, Die Steiermark im Dritten Reich 1938–1945. Aspekte ihrer politischen, wirtschaftlich-sozialen und kulturellen Entwicklung, Graz-Wien ²1986.
58 Vgl. Stefan Karner, Die Steiermark im Dritten Reich, 168–173, 274–275.

In den folgenden Jahren war die NS-Forschung wesentlich von den Transformationsprozessen der österreichischen Vergangenheitspolitik von der Opfer- zur Mittäterthese geprägt und es waren konsequenterweise die 8er- und 5er-Jahre, die neue Forschungsarbeiten ebenso anregten wie einschlägige Ausstellungsprojekte. Im sogenannten „Ge- und Bedenkjahr 1938/88" 1988 erschien der Themenband „Graz 1938" des Historischen Jahrbuches der Stadt Graz[59]. 1998 kuratierte Stefan Karner mit seinem Team im Grazer Stadtmuseum die Ausstellung „Graz in der NS-Zeit 1938–1945"[60]. 2008 waren es Heimo Halbrainer, Gerald Lamprecht und Ursula Mindler, die erneut eine Ausstellung zur NS-Herrschaft in der Steiermark im Grazer Stadtmuseum kuratierten.[61] Dabei war thematisch zwischen den beiden Ausstellungen eine Perspektivenverschiebung feststellbar. Gliederte sich die Ausstellung von 1998 noch entlang Thema, wie etwa Kirchen, Schulen und Universitäten, Alltag, Krieg und Wirtschaft, so lag der Schwerpunkt 2008 auf Fragen der Verfolgung und des Widerstandes sowie auf dem Wissen und Nichtwissen um die Verbrechen des Nationalsozialismus. Widerstand und Verfolgung rückten vom Rand der historischen Erzählung ins Zentrum. Parallel zu diesen Ausstellungen waren entsprechend der Konjunkturen der Gedenkjahre auch zahlreiche wissenschaftliche Arbeiten zu unterschiedlichen Aspekten der NS-Herrschaft, der Verfolgung der jüdischen Bevölkerung, von Roma/Romnja, des Widerstandes, der NS-Euthanasie, der Zwangsarbeit, der Denunziation und weiterer NS-relevanter Themen publiziert worden.[62] Viele dieser neuen Forschungen basierten neben neuen Fragestellungen auf bislang unberücksichtigten Quellen, die nach dem Wegfall der 50-jährigen Archivsperre oder durch neue Erschließungsarbeiten und Digitalisierungsbemühungen von Archiven erstmalig für die Zeitgeschichtsforschung zugänglich waren. Vor allem im Bereich biographischer Forschungen zu Opfern und Tätern trugen zahlreiche Oral- und Video-History-Projekte Früchte und beleuchteten neue Perspektiven auf die Lebenswelten der Menschen.[63]

---

59 Graz 1938. Historisches Jahrbuch der Stadt Graz Band 18/19 (1988).
60 Stefan Karner (Hg.), Graz in der NS-Zeit, Graz 1998.
61 Heimo Halbrainer/Gerald Lamprecht/Ursula Mindler, Un/sichtbar. NS-Herrschaft. Verfolgung und Widerstand in der Steiermark, Graz 2008.
62 U. a. Heimo Halbrainer/Gerald Lamprecht/Ursula Mindler (Hg.), NS-Herrschaft in der Steiermark. Positionen und Diskurse, Wien-Köln-Weimar 2012; Alfred Ableitinger (Hg.), Bundesland und Reichsgau. Demokratie, „Ständestaat" und NS-Herrschaft in der Steiermark 1918 bis 1945, Wien-Köln-Weimar 2015 (Teilband i und II).
63 Für die Steiermark ist das Oral History Archiv des Instituts für Wirtschafts-, Sozial- und Unternehmensgeschichte der Universität Graz zu nennen. Aber auch die umfangreichen mittlerweile in großen Teilen online verfügbaren Bestände des USHMM, des Archivs von Yad Vashem wie auch des Arolsen Archives oder die Österreichische Opferdatenbank „Namentliche Erfassung der österreichischen Holocaustopfer" des Dokumentationsarchiv des österreichischen Widerstandes können angeführt werden.

Somit war das Ausstellungsteam 2021 mit einer umfassenden Quellenlage und zahlreich vorhandener Forschungsliteratur zu unterschiedlichen Aspekten der NS-Herrschaft in der Steiermark konfrontiert. Die Herausforderung bestand nun darin, aus der Fülle an möglichen Narrativen eine Auswahl zu treffen, die dann in eine Ausstellung für ein jugendliches und lernendes Publikum münden sollte.

Neben geschichtsdidaktischen Überlegungen zum historischen Lernen, waren es vor allem aktuelle multiple gesellschaftspolitische Krisenerzählungen (Covid-Krise, Demokratiekrise, Migrationskrise) sowie rezente Entwicklungen der NS- und Holocaustforschung, die dazu führten, die Ausstellung „Warum? Der Nationalsozialismus in der Steiermark" entlang der Frage nach den gesellschaftlichen und lebensweltlichen Dimensionen und den Bindekräften der NS-Herrschaft zu gestalten.[64]

Ausgangspunkt war hierbei die Intention der Nationalsozialisten auf Basis ihrer völkisch-rassistischen Ideologie die liberale bürgerliche Gesellschaft, die in Österreich seit 1933/34 nicht mehr demokratisch verfasst war, zur NS-„Volksgemeinschaft" umzubauen. Ziel der Ausstellung war somit den Überlegungen von Frank Bajohr und Michael Wildt folgend eine Gesellschaftsgeschichte des Nationalsozialismus in der Steiermark mit dem Medium einer Ausstellung in Angriff zu nehmen.[65] Dabei wurde die „Volksgemeinschaft" nie als soziale Realität, sondern vielmehr ihre propagierte Schaffung als vielgestaltiger Prozess der Ein- und Ausschlüsse, von Verlockung und Zwang verstanden. NS-Herrschaft wurde nicht als statische unidirektionale Gewaltausübung von „oben" nach „unten", sondern als eine soziale Praxis handelnder AkteurInnen vorgestellt, die als VolksgenossInnen „,eigen-sinnig' und partizipatorisch ihren Anteil an gesellschaftlicher Macht und Ressourcen einforderten, durchaus nicht im Sinn eines universalistischen, freiheitlichen Menschheitsprojektes, sondern als partikulare Interessensverfolgung, als rassistische Ungleichheit, entgrenzte

---

64 Vgl. zur Ausstellung Christian Heuer/Gerald Lamprecht/Georg Marschnig, Im Widerstreit der Praxis. Eine Ausstellung zwischen historischer Forschung, Geschichtsdidaktik und Museum, in: Zeitschrift für Museum und Bildung (2023) 94–95, 124–137 und Magdalena Joham-Gießauf/Anita Niegelhell, Telling Histories: It's Not About Truth. It's About Dialogue, in: Journal of Museum education 48 (2023), 256–269.
65 Vgl. u. a. Michael Wildt, Die Ambivalenz des Volkes. Der Nationalsozialismus als Gesellschaftsgeschichte, Berlin 2019; Frank Bajohr/Michael Wildt (Hg.), Volksgemeinschaft. Neue Forschungen zur Gesellschaft des Nationalsozialismus, Frankfurt am Main 2009; Detlef Schmiechen-Ackermann, „Volksgemeinschaft": Mythos der NS-Propaganda, wirkmächtige soziale Verheißung oder soziale Realität im „Dritten Reich"? – Einführung, in: Detlef Schmiechen-Ackermann (Hg.), „Volksgemeinschaft": Mythos, wirkmächtige soziale Verheißung oder soziale Realität im „Dritten Reich"? Zwischenbilanz einer kontroversen Debatte, Paderborn-München-Wien-Zürich 2012, 13–53.

Freiheit der Gewalt und Teilhabe an Macht durch Unterdrückung und Ausbeutung anderer."[66]

Der Gauleiter der Steiermark, Sigfried Uiberreither, brachte dieses Herrschaftsverständnis von Ein- und Ausschluss, Verlockung und Zwang in einer in der Grazer *Tagespost* veröffentlichten Rede vor politischen Leitern der Steiermark Anfang Juli 1938 klar zum Ausdruck:

> „Mit derselben eisernen Konsequenz, mit der wir nach und nach alle Volksgenossen unabhängig davon, ob sie ehemals Gegner waren oder nicht, in Arbeit und Brot bringen werden, mit derselben Konsequenz werden wir zu erreichen wissen, dass Beamte, die nicht die Gewähr für ihren restlosen Einsatz für den neuen Staat bieten, aus dem öffentlichen Dienst entfernt werden. Mit derselben Energie, mit der wir die Volksgenossen an uns heranziehen und zu einer Einheit verschmelzen werden, werden wir aber anderseits das Volksfremde so lange abstoßen, bis es einfach nicht mehr da ist.
> Für den Volksgenossen, der ehemals politischer Gegner war, wird in diesem Staate in Zukunft immer Arbeit und Brot vorhanden sein, für den Juden dagegen nie."[67]

Die Konsequenzen waren die rigorose weithin sichtbare Verfolgung all jener, die aus rassistischen und/oder ideologischen Gründen nicht Teil der „Volksgemeinschaft" als Leistungs-, Rassen- und Weltanschauungsgemeinschaft sein konnten (Juden und Jüdinnen, Roma und Romnija, Menschen mit Beeinträchtigungen, politische Gegner, …) auf der einen und auf der anderen Seite mit Mitteln der Verlockung und des Zwangs die Integration all jener, die sich in die rassistische Gemeinschaft einfügen konnten.

Dieser Grundkonzeption entsprechend folgt die Ausstellung keiner Chronologie von den 1930er bis in die 1950er-Jahre, sondern gliedert sich entlang von einzelnen symbolischen und anthropologischen Begriffen, die sich mit dem ideologischen/theoretischen Überbau nationalsozialistischer Herrschaft ebenso befassen wie mit einzelnen Aspekten menschlicher Lebenswelten sowie spezifischen Themen der NS-Herrschaft und -Gesellschaft: „Bewegung", „Inszenierung", „Disziplinierung", „Körper", „Glaube", „Jugend", „Krieg", „Lager", „Verfolgung", „Widerstand", „Konsum", „Leistung" für die Zeit der NS-Herrschaft und „Demokratisierung", „Erinnerung" und „Schatten" für die Nachkriegszeit.

Jeder der von den Kuratoren (aus)gewählte Begriff trägt die Ambivalenzen von Ein- und Ausschluss, Verlockung und Zwang in sich und wurde neben strukturellen Überlegungen auch jeweils auf die Erfahrungen von einzelnen Menschen heruntergebrochen. Dabei folgte das Team der Forderung von Saul Friedländer nach einer integrierten Geschichte des Holocausts, wonach neben

---

66 Michael Wildt, Blick in den Spiegel. Überlegungen zur Täterforschung, in: Österreichische Zeitschrift für Geschichtswissenschaften 19 (2008) H. 2, 13–37, 34.
67 Tagespost, 3. 7. 1938, 2.

der Perspektive der TäterInnen auch die Stimmen der Opfer Gehör bekommen sollten.[68] Konkret bedeutet dies, dass aus der Fülle an historischer Literatur und verfügbaren Quellen, jene Dokumente, Bilder und lebensgeschichtliche Erzählungen ausgewählt wurden und in der Ausstellung angeordnet und präsentiert werden, die Basis unterschiedlicher Erzählungen einer Gesellschaftsgeschichte der NS-Herrschaft in der Steiermark sein können. Demgemäß finden sich verschiedene historische Quellen zur Deutschen Arbeitsfront oder der Zwangsarbeit wie auch der Euthanasie nicht unter Begriffen wie beispielsweise „Kriegswirtschaft" oder „Verfolgung", sondern unter dem Begriff der „Leistung". Der „Volksempfänger" wiederum, ebenso wie der „Volkswagen" wird dem Begriff „Konsum" zugeordnet und damit der Blick darauf gelenkt, dass „Volksgemeinschaft" stets Verlockung und Zwang wie auch Ein- und Ausschluss bedeutete.

Über all den genannten Begriffen steht für die BesucherInnen der Ausstellung die Frage nach der Funktionsweise nationalsozialistischer Herrschaft und der Auswirkungen auf die Gesellschaft ebenso wie auf jede und jeden Einzelne/n. Angeboten werden dabei keine vorgefertigten und abgeschlossenen Antworten und Narrative, sondern vielmehr eine Vielzahl an unterschiedlichen historischen Beispielen in Form von Darstellungen oder Primärquellen. Damit haben die KuratorInnen der Ausstellung zwar eine erste Auswahl aus der Fülle an Erzählungen und Quellen zur Geschichte des Nationalsozialismus in der Steiermark getroffen, delegieren aber im Prozess des Fragens, Forschens und Beantwortens die endgültige Auswahl an die BesucherInnen, die sich nach ihren spezifischen Interessen im Material der Ausstellungen vertiefen. Die Ausstellung wird damit zu einem Angebots-, Aneignung- und Kommunikationsraum, in dem von den BesucherInnen Geschichte geschrieben wird.

Bei all dem werden jedoch die SprecherInnenpositionen und Wertbeziehungen der KuratorInnen nicht verschleiert, sondern am Beginn der Ausstellung stellen sich diese in kurzen Videonachrichten vor und legen ihre *Policy* offen.

5. Auswählen und Vermitteln

Wenn das Ziel des institutionalisierten historischen Lernens der kompetente Umgang mit Geschichte(n) – sinnbildend und sinnverstehend – ist, dann muss die geschichtswissenschaftliche Praxis der Auswahl selbst zum Thema und Lerngegenstand gemacht werden. Geschichte(n) in der Schule oder im Museum zu „vermitteln", hieße dann, das zu thematisieren und ins Zentrum zu rücken,

---

68 Saul Friedländer, Eine integrierte Geschichte des Holocaust, in: Saul Friedländer, Nachdenken über den Holocaust, München 2007, 154–167.

was sich zwischen dem historischen Material und dem- und derjenigen ErzählerIn vollzieht. (Zeit-)Geschichte ist dann das Vermittelte, der Effekt einer Praxis des Befragens, der Auswahl und des Aneignens. So sind die BesucherInnen der Dauerausstellung „Warum? Der Nationalsozialismus in der Steiermark" herausgefordert, sich an diesem geschichtskulturellen Ort zu positionieren, indem sie gezwungen sind, aus den vielfältigen Angeboten der Ausstellung auszuwählen. Und so wird die Ausstellung zu einem Ort der historisch-politischen Sinnbildung, indem Vergangenheiten und mögliche Zukünfte anhand ihrer Fragen von den BesucherInnen relationiert werden und sich so zu neuen, ganz gegenwärtigen Geschichte(n) über den Nationalsozialismus in der Steiermark figurieren. Geschichte als Praxis der Orientierung wird so erfahrbar. Die BesucherInnen machen (Zeit-)Geschichte(n), indem sie gegenwärtig an diesem konkreten Ort Beziehungen zwischen sich und den vergangenen Anderen, zwischen dem Fremden und Bekannten herstellen. Sie „vermitteln" also zwischen vergangenen Wirklichkeiten, diversen Gegenwarten und möglichen Zukünften. Indem sie Wahrnehmungen und Sichtweisen der damals Handelnden und Leidenden erkunden, hinterfragen und erschließen, begreifen und verstehen, befragen und beantworten, aneignen, aushandeln, für sich und jemanden historisch erzählen.

Christoph Kühberger / Robert Obermair

Auswahl pluridimensional denken – Sondierungen zu Optionen der Zeitgeschichte

Gesellschaftliche Rahmung – eine Annäherung

Waren Geschichtsunterricht und die Vermittlung der jüngsten Geschichte in der österreichischen Monarchie vor allem eine politische Instrumentalisierung zugunsten der Verherrlichung des Kaiserhauses und seiner Erfolge,[1] so hat man sich in Österreich angesichts der unterschiedlichen Regimeerfahrungen aus der ersten Hälfte des 20. Jahrhunderts von verordneten Geschichtsbildern verabschiedet.[2] Wir leben heute in demokratischen Strukturen, die stark von (neo-)liberalen marktwirtschaftlichen Bedingungen geprägt sind, wodurch auch Geschichte in der Öffentlichkeit zum Produkt wurde.[3] Die Herausforderung besteht heute darin, unterschiedlichste Angebote an Interpretationen der Vergangenheit, die oft sehr schnelle und breite populäre Verbreitung finden,[4] als Einflussfaktoren auf geschichtliche Vorstellungen im formalen Bildungssetting ernst zu nehmen. Die Angebote der Geschichtskultur gilt es in „Zusammenhänge

---

1 Vgl. Reinhard Krammer, Intention und Prozess im Geschichtsunterricht. Der Einfluss externer Faktoren auf die Praxis an den deutschsprachigen Mittelschulen Österreichs 1849–1914, Innsbruck 2008.
2 Vgl. Christoph Kühberger, Was kann vom Geschichtsunterricht in einer Demokratie erwartet werden? Vergangenheit und Gegenwart einer Pflichtunterweisung, in: Heinrich Ammerer/Margot Geelhaar/Rainer Palmstorfer (Hg.), Demokratie lernen in der Schule. Politische Bildung als Aufgabe für alle Unterrichtsfächer, Münster 2020, 83–99.
3 Vgl. Wolfgang Hardtwig/Alexander Schug (Hg.), History Sells! Angewandte Geschichte als Wissenschaft und Markt, Stuttgart 2009; Christoph Kühberger/Andreas Pudlat (Hg.), Vergangenheitsbewirtschaftung. Public History zwischen Wirtschaft und Wissenschaft, Innsbruck 2012; Felix Hinz/Andreas Körber (Hg.), Geschichtskultur – Public History – Angewandte Geschichte, Stuttgart 2020.
4 Hier ist vor allem auf Geschichte in Social Media zu verweisen: Christian Bunnenberg/Nils Steffen (Hg.), Geschichte auf YouTube. Neue Herausforderungen für Geschichtsvermittlung und historische Bildung, Berlin 2019; Hannes Burkhardt, Geschichte in den Social Media. Nationalsozialismus und Holocaust in Erinnerungskulturen auf Facebook, Twitter, Pinterest und Instagram, Göttingen 2021; Mia Berg/Christian Kuchler (Hg.), @ichbinsophiescholl. Darstellung und Diskussion von Geschichte in Social Media, Göttingen 2023.

einzuordnen, zu abstrahieren, unter Berücksichtigung von Raum und Zeit zu vergleichen, sie in ihrer Qualität zu bewerten."[5] Ein bildungsbürgerlicher Kanon historischer Persönlichkeiten und geschichtlicher Themen, wie er sich zusehends im 20. Jahrhundert herausgebildet hat, wurde bereits ab der Mitte des vorigen Jahrhunderts kritisiert.[6] Das Auswendiglernen von Herrscherreihen, Schlachtenfolgen oder auch von fixierten Narrationen, die man zu kennen hätte, wurde durch die permanente digitale Verfügbarkeit von verlässlichen Fakten und Darstellungen zudem überholt. Ein enzyklopädischer Zugang zum historischen Wissen, wie er sich im 19. Jahrhundert etablierte, ist damit obsolet[7] und entspricht auch nicht mehr einer sich digitalisierenden Wissensgesellschaft, die Daten und Fakten, aber auch verschiedene Interpretationen stets verfügbar hält. Angesichts eines gelebten Pluralismus, der durch die sich in der Zweiten Republik durchsetzende Demokratie sowie durch globale Informations- und Warenströme und die Ausbildung einer Migrationsgesellschaften abgestützt wird, wurden Auswahlfragen für den Geschichtsunterricht immer virulenter. So hat uns eine kritische Auseinandersetzung mit der Globalisierung gelehrt, dass eine einseitige europäische Aufstiegsgeschichte, die im Alten Ägypten beginnt und über Griechenland bzw. Rom hinein ins europäische Mittelalter führt, um sich sodann in die Welt zu entwerfen („parade of civilizations"), globale Bezüge und außereuropäische Entwicklungen ethnozentrisch ausblendet, wenn nicht gar herabwürdigt.[8] Doch nicht nur der Raum als Bezugsgröße kam ins Wanken, auch die in der Geschichte verwendeten eindimensionalen Menschenbilder. Die Frauen- und Geschlechtergeschichte[9] und später die Queer Studies[10] monierten

---

5 Waltraut Schreiber, Zu den Zielperspektiven des Geschichtsunterrichtes, in: Waltraut Schreiber (Hg.), Vom Imperium Romanum zum Global Village. „Globalisierung" im Spiegel der Geschichte, Neuried 2000, 336–348, 338.
6 Vgl. Linda Symcox/Arie Wilshut (Hg.), National History Standards: The Problem of the Canon and the Future of Teaching History, Charlotte 2009; Maria Grever/Siep Stuurman (Hg.), Beyond the Canon. History for the Twenty-first Century, London 2007.
7 Christoph Kühberger, Konzeptionelles Wissen als besondere Grundlage für das historische Lernen, in: Christoph Kühberger, Historisches Wissen. Geschichtsdidaktische Erkundungen über Art, Umfang und Tiefe für das historische Lernen, Schwalbach/Ts. 2012. 33–74, 36–38; bereits 1951 wird erkannt, dass Lehrer:innen nicht zur Vollständigkeit verpflichtet werden sollten: Wilhelm Mommsen, Zur Stoffauswahl im Geschichtsunterricht, in: Arbeitsgemeinschaft Deutscher Lehrerverbände. Gewerkschaft Erziehung und Wissenschaft Bayrischer Lehrerverein (Hg.), Geschichtsunterricht in unserer Zeit. Grundfragen und Methoden, Braunschwaig 1951, 54–59, 55.
8 Vgl. Dipesh Chakrabarty, Provincializing Europe, Postcolonial Thought and Historical Difference, Princeton 2000.
9 Vgl. Andrea Griesebener, Feministische Geschichtswissenschaften. Eine Einführung, Wien 2005; Martina Gugglberger, Geschlecht, in: Marcus Gräser/Dirk Rupnow (Hg.), Österreichische Zeitgeschichte – Zeitgeschichte in Österreich. Eine Standortbestimmung in Zeiten des Umbruchs, Wien 2021, 217–235.

etwa zu Recht das Fehlen von Frauen in der Auseinandersetzung mit der Vergangenheit, die intersektionale Vielgestaltigkeit des Menschseins sowie heteronormative Weltbilder. Die Postcolonial Studies framten die Fragen nach Machtverhältnissen und Perspektiven nochmals neu.

Doch wie soll man nun unter diesen Bedingungen des 21. Jahrhunderts in Österreich Auswahlentscheidungen für den Geschichtsunterricht treffen und welche Auswirkungen hat dies insbesondere auf Lehr-Lern-Szenarien zu Fragen der Zeitgeschichte? Der Beitrag versucht im Folgenden, die (zeit-)historischen Ziele und die Themenauswahl des schulischen Lehrplanes herauszuarbeiten, um im Anschluss auf Basis einer kategorialen Inhaltsanalyse die räumliche, zeitliche, thematische und interdisziplinäre Vielfalt der aktuellen österreichischen Zeitgeschichtsforschung quantitativ sichtbar zu machen. Die Zeitgeschichtsforschung wird damit als Reflexionsort für eine potentielle Weiterentwicklung des zeitgeschichtlichen Unterrichts an Schulen herangezogen,[11] gleichzeitig können die dabei gewonnen Einsichten aber auch als kritische Selbstreflexion für die zeitgeschichtliche Forschung genutzt werden.

Bezeichnend für die österreichische Zeitgeschichtsforschung ist, dass bis heute keine Einigkeit über die genaue zeitliche Eingrenzung der „Zeitgeschichte" besteht, allerdings auch kein großer Diskussionsbedarf oder wissenschaftlicher Druck hinsichtlich einer endgültigen Klärung dieser Frage erkennbar ist. Grob vereinfacht lassen sich zwei Definitionsebenen ausmachen: einerseits jene, auf der mit chronologischen Markern gearbeitet wird (etwa 1917/18[12]), und andererseits jene, die die chronologische Eingrenzung dynamisch als stete Veränderung interpretiert, wie etwa Gerhard Botz dies bereits beim ersten Österreichischen Zeitgeschichtetag dargelegt hat, als er Zeitgeschichte beschrieb als die

---

10 Vgl. Elisa Heinrich/Johann Kirchknopf, Zeitgeschichte und Queer Studies, in: Marcus Gräser/Dirk Rupnow (Hg.), Österreichische Zeitgeschichte – Zeitgeschichte in Österreich. Eine Standortbestimmung in Zeiten des Umbruchs, Wien 2021, 724–744; Andrea Rottmann/Benno Gammerl/Martin Lücke (Hg.), Handbuch Queere Zeitgeschichten I. Räume, Bielefeld 2023.

11 Für stärker strukturelle Überlegungen zur Zeitgeschichte vgl. Markus Furrer, Grundfragen und Themen der Zeitgeschichte, in: Markus Furrer/Kurt Messmer (Hg.), Handbuch Zeitgeschichte im Geschichtsunterricht, Schwalbach/Ts. 2013, 21–60.

12 Ein Marker, der u.a. von Hans Rothfels angeführt wurde, dieser verstand Zeitgeschichte allerdings vor allem als „Epoche der Mitlebenden und ihre wissenschaftliche Behandlung". Siehe Hans Rothfels, Zeitgeschichte als Aufgabe, in: Vierteljahreshefte für Zeitgeschichte 1 (1953) 1, 1–8. Vgl. diesbezüglich auch Jiří Pešek: Die österreichische Zeitgeschichtsforschung und ihre Protagonisten, in: Jiří Pešek/Oliver Rathkolb/et al. (Hg.), Zeitgeschichte in Bewegung. Die österreichische Erforschung des 20. Jahrhunderts, Prag 2013, 15–27, 18. Oliver Rathkolb hat hingegen vorgeschlagen, auch das 19. Jahrhundert in die Erforschung des 20. Jahrhunderts miteinzuziehen. Vgl. Jiří Pešek, „Weg von der engen Nationalgeschichtsschreibung zu einer vergleichenden europäischen und internationalen Geschichte". Interview mit Oliver Rathkolb, in: Jiří Pešek/Oliver Rathkolb/et al. (Hg.), Zeitgeschichte in Bewegung. Die österreichische Erforschung des 20. Jahrhunderts, Prag 2013, 113–128, 117.

Geschichte „jener Zeit, die von denen, die sich jeweils über Geschichte Vorstellungen machen, als ihre ‚eigene Zeit', als noch nicht (mehr oder weniger weit entfernte) Vergangenheit wahrgenommen wird"[13].

Wie es noch zu zeigen gilt, folgt der Lehrplan 2023 für das Unterrichtsfach „Geschichte und Politische Bildung" tendenziell einer Einteilung, die mit dem Ende des Ersten Weltkrieges den Beginn der Zeitgeschichte setzt, ohne dies dezidiert auszusprechen. Mit Blick auf das Ergebnis der in weiterer Folge präsentierten Analyse der zeitlichen Verortung der Beiträge der *Österreichischen Zeitgeschichtetage* bzw. der jüngsten Jahrgänge der Zeitschrift *zeitgeschichte* wird im vorliegenden Beitrag Zeitgeschichte als die Geschichte des 20. und 21. Jahrhunderts verstanden.

Auswahl und Lehrpläne

Lehrpläne geben – als ein Instrument der Bildungspolitik – normativ gesetzte Antworten auf Fragen nach der Auswahl, weil sie die Fülle der Möglichkeiten bereits begrenzen und bestimmte Aspekte vorgeben. Gleichzeitig sind Lehrpläne selbst Produkte ihrer Zeit und werden in regelmäßigen Abständen weiterentwickelt, um gesellschaftlichen Anforderungen zu entsprechen und um neu auftretende politische und gesellschaftliche Orientierungsfragen einzubeziehen. Dies ist auch an den vier einander ablösenden bundesweit gültigen österreichischen Lehrplänen, die zwischen 2000 und 2023 für den Bereich Geschichte für die Sekundarstufe I erlassen wurden, nachvollziehbar.

Der Zeitgeschichte wird aktuell im Fach „Geschichte und Politische Bildung" in der Sekundarstufe I in einem wortidenten Lehrplan für die unterschiedlichen Schulformen viel Platz hinsichtlich thematischer Setzungen eingeräumt. Die Zeitgeschichte vereint dabei aktuell ca. 35 % aller angeführten thematischen Anwendungsbereiche auf sich.[14] Betrachtet man diese Schwerpunktsetzung in unterschiedlichen Lehrplänen seit der österreichischen Nachkriegszeit aus einer quantitativen Perspektive, zeigt sich, dass 1987, also ein Jahr bevor sich der „Anschluss" an NS-Deutschland zum 50. Mal jährte, die Zeitgeschichte ihre feste Verankerung in den bundesweit gültigen Lehrplänen des Geschichtsunterrichtes in Österreich gefunden hatte. Selbst die Einführung der Politischen Bildung als Teilaspekt der neuen Fächerkombination „Geschichte und Sozialkunde/Politische Bildung" 2008 – anlässlich der Senkung des Wahlalters auf 16 Jahre – verschob den Stellenwert der Zeitgeschichte nur geringfügig. 2023 wurde der

---

13 Gerhard Botz, Zwölf Thesen zur Zeitgeschichte in Österreich, in: Ingrid Böhler/Rolf Steininger (Hg.), Österreichischer Zeitgeschichtetag 1993, Innsbruck/Wien 1995, 19–33, 19.
14 Bundesgesetzblatt für die Republik Österreich, Teil II, 1. Verordnung, 2.1.2023.

Erste Weltkrieg als thematischer Anwendungsbereich in die 3. Klasse (7. Schulstufe) vorverlegt, wodurch eine noch eindeutigere zeitgeschichtliche Schwerpunktsetzung in der 4. Klasse (8. Schulstufe) ermöglicht wurde. Darüber hinaus kann man im in der Folge gezeigten Diagramm (Abb. 1) erkennen, dass zusätzliche zeitgeschichtliche Themen in der 2. und 3. Klasse (5. und 6. Schulstufe) durch das Setzen (verkürzter) Längsschnitte vorweggenommen werden sollten (z. B. Sklaverei oder Post-Kolonialismus).

Damit kann für Österreich jenes in den schulischen Normen verankerte Denkparadigma im Umgang mit dem Historischen ausgemacht werden, in welchem der Zeitgeschichte zugeschrieben wird, dass durch sie die unmittelbare Gegenwart besser verständlich werden würde (lies: historische Orientierung), wodurch sie einen wichtigen Beitrag zur politischen Bildung leiste. Eine derartige Bedeutungszuweisung steht in der Tradition unterschiedlicher Diskursstränge der Geschichtswissenschaft und Geschichtsdidaktik. Hier ist etwa auch auf den Politikdidaktiker Hermann Giesecke zu verweisen, der – nach Einschätzung des Geschichtsdidaktikers Hans Süssmuth – auf einen präsentistischen geschichtsdidaktischen Ansatz zugreift,[15] um über den Geschichtsunterricht eine Stabilisierung des „gegenwärtigen demokratischen Gemeinwesens" anzustreben, indem Herausforderungen der Demokratisierung sowie Strategien zu deren Etablierung und Erhalt mit dem historischen Lernen verknüpft werden.[16] Die damit verbundenen Intentionen sind im österreichischen Lehrplan zwar nicht explizit markiert, wenngleich der Themenbereich des Nationalsozialismus sicherlich als negative Folie genutzt wird, um das demokratische Heute von einer dunklen Vergangenheit abzuheben. Im Lehrplan 2023 sind es ca. 35 % der thematischen Anwendungsbereiche der 4. Klasse (8. Schulstufe), die sich mit dem NS-Regime und seiner Aufarbeitung auseinandersetzen.[17] Damit dominieren sieben Jahre der jüngeren österreichischen Vergangenheit (umgerechnet 6,6 % der Zeitspanne von 1917 bis 2023) bzw. ihre Nachwirkungen ein Drittel des Lehrplans, was einerseits als seismographischer Ausschlag gesellschaftlicher Befindlichkeiten zu verstehen ist, andererseits aber auch dem entspricht, was Ernst Hanisch 2001 an der Geschichtswissenschaft kritisierte, nämlich ihren übergroßen Fokus auf die NS-Geschichte bei gleichzeitiger Vernachlässigung anderer Aspekte der Zweiten Republik.[18] Die aktuelle Lehrplanrealität ist er-

---

15 Hans Süssmuth, Auswahl, in: Klaus Bergmann et al. (Hg.), Handbuch für Geschichtsdidaktik. Bd. 1, Düsseldorf 1979, 190–196, 192.
16 Hermann Giesecke, Skizzen zu einer politisch begründeten historischen Didaktik, in: Neue Sammlung 18 (1978) 1, 55–73, 64 f.
17 Bundesgesetzblatt für die Republik Österreich, Teil II, 1. Verordnung, 2. 1. 2023, Anwendungsbereiche 4. Klasse (8. Schulstufe).
18 Vgl. Werner Suppanz, Österreichischer Zeitgeschichtetag 2001, 4.–6. 10. 2001 in Klagenfurt, Demokratie – Zivilgesellschaft – Menschenrechte. Ein Kommentar, in: eForum zeitGe-

freulicher, denn die Vorgaben reduzieren die Zeitgeschichte weder auf eine Nationalgeschichte noch ausschließlich auf den Nationalsozialismus. Neben der NS-Geschichte gibt es nämlich auch andere wichtige thematische Blöcke, wie etwa zur Demokratisierung Österreichs in der Ersten und Zweiten Republik, zur EU bzw. Europäisierung, zur Globalisierung oder zu Umweltfragen.

Derartige Einblicke in die sich aus den normativen Strukturen der Lehrpläne ergebende Auswahl verdecken jedoch, dass damit in der Regel noch nichts darüber ausgesagt ist, wie die Auswahl bzw. eben die Konkretisierung seitens einer Lehrperson für den eigenen Unterricht aussieht. Denn trotz inhaltlicher Auswahlvorentscheidungen, die bereits durch den Lehrplan vorgegeben sind, müssen in der schulischen Praxis und für konkrete Unterrichtseinheiten ständig neue Auswahlentscheidungen getroffen werden, um den Zielen des Geschichtsunterrichts für eine konkrete Lerngruppe gerecht zu werden. Dies kann an einem Beispiel verdeutlicht werden: So soll etwa der Anwendungsbereich „Soziale Ungleichheiten und Strategien zu deren Überwindung" aus dem aktuellen österreichischen Lehrplan in die Zeitspanne vom Ende des Ersten Weltkrieges bis zur Gegenwart eingebettet werden. Die zeitliche Breite (1918–2023) sowie die möglichen Zugänge (Globalgeschichte, Sozialgeschichte, Politikgeschichte etc.) zu einem auszuwählenden Fallbeispiel zwingen Lehrpersonen – sofern sie nicht blind einem Schulbuch als „geheimem Lehrplan" folgen, das diese Auswahl für sich bereits vorgenommen hat – zu Modellierungen eines fachspezifischen Lehr-Lern-Prozesses. Es geht also darum, nach Kriterien des „Lernwürdigen" zu fragen, um dieses vom „Lernmöglichen" zu unterscheiden.[19] Einen der wenigen diesbezüglichen empirischen Einblicke bietet Katharina Litten in ihrer Dissertation zur Unterrichtsplanung von deutschen Geschichtslehrkräften. In der Arbeit wird deutlich, dass die Vorgaben des Lehrplanes oder die Hinweise aus Schulbüchern durchaus zugunsten eigenständiger inhaltlicher Gewichtungen und selbstbestimmter fachlicher Auswahlprozesse hintangestellt werden, wobei unterschiedliche Maßstäbe anlegt werden, die sich zwischen administrativer Vorgabentreue und demokratischer Kritik derselben bewegen. Wirklich zentral ist für die Lehrpersonen, die Schüler:innen als Gegenüber wahrzunehmen. Die Auswahl erfolgt daher schülerorientiert, indem von der eigenen Unterrichtswahrnehmung auf ein Schülerinteresse geschlossen wird, oder subjektorientiert, indem die Lernenden tatsächlich hinsichtlich ihrer Interessen und ihres Vorwissens befragt wurden.[20] Weniger stark schlagen jene planerischen Aspekte

---

schichte 2001/3–4, URL: http://www.eforum-zeitgeschichte.at/3_01a1.html (abgerufen 21. 12. 2023).
19 Klaus Bergmann, Auswahl, in: Handbuch für Geschichtsdidaktik. Hg. v. K. Bergmann et al., Seelze-Velber 1997[5], 272–276, 272.
20 Katharina Litten, Wie planen Geschichtslehrkräfte ihren Unterricht? Göttingen 2017, 260–275.

durch, die im Hinblick auf zeitgeschichtliche Themen in der geschichtsdidaktischen Diskussion betont werden, etwa die Frage nach gesellschaftlichen Schlüsselproblemen oder gegenwärtigen politischen und gesellschaftlichen Herausforderungen.[21]

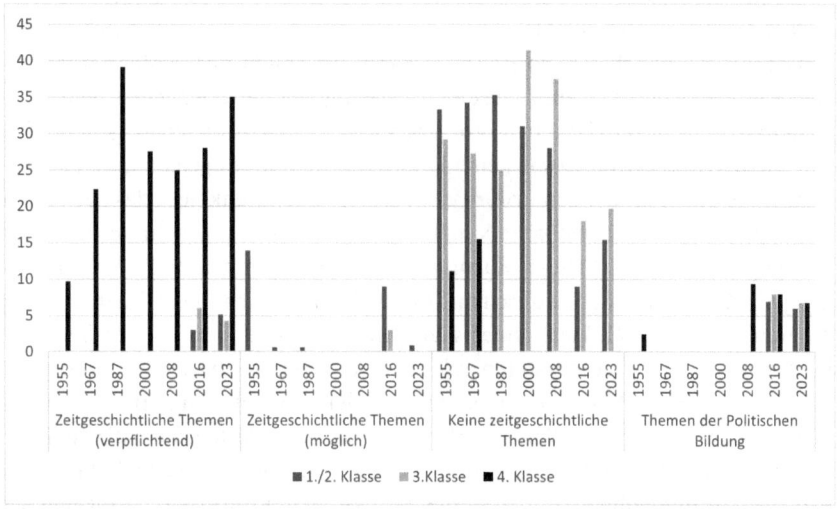

Abb. 1: Vergleich der inhaltlich-thematischen Vorgaben in den Lehrplänen für den Geschichtsunterricht in Prozent[22]

Strukturierende Achsen des Lehrplanes

Der aktuelle österreichische Lehrplan aus dem Jahr 2023 verfügt über drei Achsen, mit denen das normative Dokument historisches Lernen an Schulen vorstrukturiert: (a) *historisches Denken*, (b) *zentrale fachliche Konzepte* und (c) *thematische Anwendungsbereiche*.

Seit der Reform 2008 hat der Geschichtsunterricht in Österreich das Ziel, (a) *historisches Denken* bei den Schüler:innen anzubahnen.[23] Damit kam es in der Genese der Lehrpläne zu einem Bruch mit bisherigen Traditionen seit 1945, da

---

21 Vgl. Furrer, Grundfragen, 48; Jörg van Norden, Auswahlproblematik, in: Jörg van Norden et al. (Hg.), Geschichtsdidaktische Grundbegriffe. Ein Bilderbuch für Studium, Lehre und Beruf, Hannover 2020, 16.
22 Hier wird trotz der darin lagernden Problematik von einer Definition von Zeitgeschichte ausgegangen, die von 1917 bis in die Gegenwart reicht. – Erweitert um den Lehrplan 2023 nach: Christoph Kühberger, Zeitgeschichte und Geschichtsunterricht, in: Marcus Gräser/Dirk Rupnow (Hg.), Österreichische Zeitgeschichte – Zeitgeschichte in Österreich. Eine Standortbestimmung in Zeiten des Umbruchs, Wien 2021, 759–782, 770.
23 Vgl. Bundesgesetzblatt für die Republik Österreich, Teil II, 290. Verordnung, 12.8.2008.

bis dahin vor allem Inhalte („Stoff") im Zentrum des Geschichtsunterrichts standen. Ausgelöst durch die bildungspolitischen Debatten rund um die PISA-Studie kam es auf normativer Ebene des Geschichtsunterrichts zu einer Verschiebung der Schwerpunkte in den Vorgaben. Die triviale Weitergabe geschichtlicher Inhalte sollte nunmehr durch den Erwerb eines reflektierten und (selbst-)reflexiven Geschichtsbewusstseins abgelöst werden, was durch ein eigenständiges kritisches historisches Denken auf Seiten der Schüler:innen erreicht werden sollte.[24] Damit wurde ein Zugang etabliert, der von einem konstruktivistisch-narrativistischen Vorverständnis des Historischen geprägt ist. Auf diese Weise wurden zwar keine konkreten Inhalte festgelegt, aber „Bedingungen für Inhalte", die den Erwerb eines historischen Denkens – das auch noch in Zukunft in unvorhersehbaren Situationen zum Einsatz gebracht werden kann – ermöglichen sollen.[25] Dieser Zugang stürzte die bisher geübte Praxis im Umgang mit Geschichte im schulischen Kontext in Österreich in ein Dilemma. Lag bis zum Beginn des 21. Jahrhunderts das Hauptaugenmerk noch weitgehend auf im Lehrplan knapp aufgezählten inhaltlichen Themen, die einem nationalen bzw. europäischen Kanon folgten, forderte der nunmehr angestrebte Erwerb historischen Denkens implizit ein Abstrahieren von fixierten thematischen Zuschnitten ein, um unabhängig vom Fallbeispiel ein kritisches historisches Denken im Zusammenhang mit anderen historischen Kontexten performen zu können. Über das neu etablierte Ziel, nämlich historisches Denken zu schulen, wurde eine erkenntnistheoretische Achse sichtbar gemacht, die auf den inneren Zusammenhalt des Geschichtsunterrichts verweist und über unterschiedlichste thematische Setzungen hinweg verdeutlicht, dass allen Annäherungen an die Vergangenheit über Quellen und Darstellungen eine „Grammatik des Faches" zugrunde liegt. Der österreichische Lehrplan referiert dazu seit 2008 auf ein Modell des historischen Denkens, das von der internationalen Projektgruppe FUER-Geschichtsbewusstsein erarbeitet wurde und das derzeit empirisch validiert wird.[26]

---

24 Vgl. zu unterschiedlichen Modellen: Michele Barricelli/Peter Gautschi/Andreas Körber, Historische Kompetenzen und Kompetenzmodelle, in: Michele Barricelli/Martin Lücke (Hg.), Handbuch Praxis des Geschichtsunterrichts. Bd. 1, Schwalbach 2012, 207–235.
25 Vgl. Margarethe Dörr, Zur Begründung, Auswahl und Ordnung von Unterrichtsinhalten, in: Joachim Rohlfes/Karl Ernst Jeismann (Hg.), Geschichtsunterricht. Inhalte und Ziele, Stuttgart 1974, 28–52, 28–29.
26 Andreas Körber/Waltraud Schreiber/Alexander Schöner (Hg.), Kompetenzen historischen Denkens. Ein Strukturmodell als Beitrag zur Kompetenzorientierung in der Geschichtsdidaktik, Neuried 2007; Ulrich Trautwein/Christiane Bertram/ Bodo von Borries et al., Kompetenzen historischen Denkens erfassen – Konzeption, Operationalisierung und Befunde des Projektes „Historical Thinking in History" (HiTCH), Münster 2017; Christiane Bertram/ Wolfgang Wagner/Christoph Kühberger et al., Wie gut können Schülerinnen und Schüler historisch denken? Vorläufige Ergebnisse eines Projekts des IQSH mit der HiTCH-Gruppe, Kiel 2022.

Es war in diesem Zusammenhang nur konsequent, neben einem prozeduralen Wissen über historisches Denken auch konzeptuelles Wissen in Form von (b) *zentralen fachlichen Konzepten* (Basiskonzepte) im Lehrplan zu berücksichtigen.[27] Diese sind ebenfalls unabhängig von den potentiell vielfältigen Fallbeispielen konzipiert, bieten aber dennoch eine grundlegende konzeptuelle Tiefenstruktur historischen Denkens an. Dabei werden (1) erkenntnistheoretische Konzepte (z. B. Perspektive), (2) gesellschaftliche Konzepte (z. B. Macht) und (3) historische Konzepte (z. B. Zeiteinteilungen) als Kern des historischen Denkens positioniert, die über die Jahrgangsstufen hinweg in progressiven Logiken in fachspezifische Lernprozesse eingebracht werden sollten, um damit an die konzeptuellen Vorstellungen der Schüler:innen anzuschließen, diese aber gleichzeitig in einer wissenschaftsorientierten Weise weiterzuentwickeln.[28]

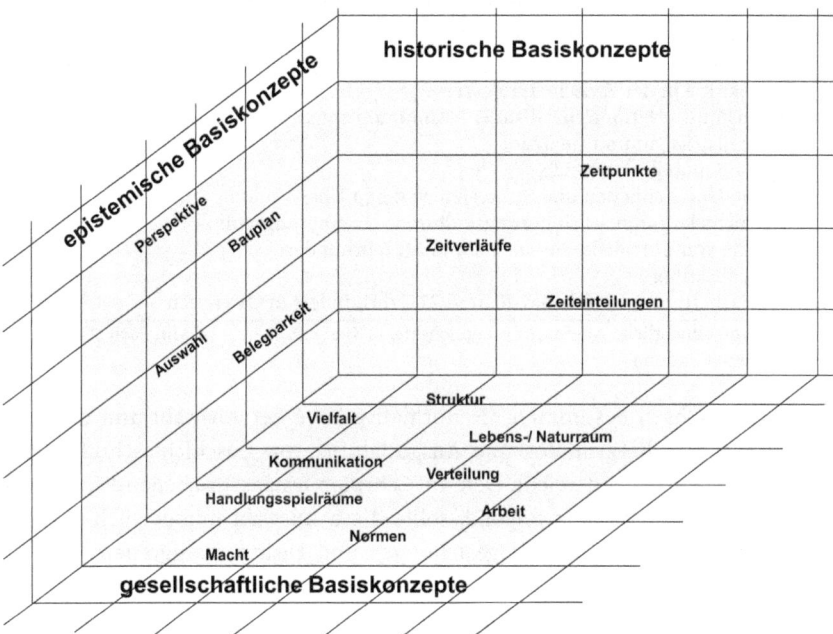

Abb. 2: Fachspezifische Konzepte historischen Denkens (Kühberger 2012)

---

27 Das dabei im Lehrplan seit 2016 genutzte Modell findet man bei: Christoph Kühberger, Konzeptionelles Wissen als besondere Grundlage für das historische Lernen, in: Christoph Kühberger (Hg.), Historisches Wissen. Geschichtsdidaktische Erkundungen über Art, Umfang und Tiefe für das historische, Schwalbach/Ts. 2012, 33–74.
28 Christoph Kühberger, Zentrale fachliche Konzepte. Zur Tiefenstruktur von schulischem Wissen als Teil der reflexiven Grundbildung, in: Erziehung & Unterricht 173 (2023) 1–2, 23–30.

Der Lehrplan 2023 verabschiedet sich zudem vom Begriff des „Stoffes". Damit wurde der tatsächliche Wechsel von der Inhaltsorientierung hin zur fachspezifischen Kompetenzorientierung (lies: Erwerb historischen Denkens) vollzogen, indem nämlich die thematischen Fallbeispiele, die verpflichtend zu bearbeiten sind, als (c) *Anwendungsbereiche* bezeichnet werden. Damit soll verdeutlicht werden, dass die thematischen Fallbeispiele dazu dienen, selbstständiges historisches Denken anhand von exemplarischen Vertiefungen zu schulen, und nicht als „Stoff" auswendig gelernt werden sollen. Auf diese Weise sollen die inhaltlichen Bereiche nicht abgewertet werden, sondern vielmehr aufgewertet, da ja nicht ein kognitiv anspruchsloser Erwerb von vorgegebenen Inhalten, sondern eine intensive Beschäftigung und ein dichtes Durchdringen aus einer fachspezifischen Perspektive für die Schüler:innen vorgesehen ist. Für die 4. Klasse (8. Schulstufe), in der die Zeitgeschichte schwerpunktmäßig verankert ist, bedeutet dies etwa, dass neun Anwendungsbereiche festgelegt wurden (Abb. 3):

- Demokratie in der Zwischenkriegszeit
- Faschismus – Nationalsozialismus – Kommunismus
- Holocaust/Shoah und Genozid
- Zweite Republik Österreich
- Soziale Ungleichheiten und Strategien zu deren Überwindung
- Geschichtskulturen – Erinnerungskulturen – Erinnerungspolitik
- Aspekte von Globalisierung im 20. und 21. Jahrhundert
- Europäisierung
- Gesellschaftlicher Wandel im 20. und 21. Jahrhundert in Österreich

Abb. 3: Zeitgeschichtliche Anwendungsbereiche der 4. Klasse (8. Schulstufe) im Fach „Geschichte und Politische Bildung"[29]

Diese drei Achsen bestimmen die normative Seite der Auswahl und determinieren so auch die grundlegende Ausgestaltung von Geschichtsschulbüchern bzw. von Geschichtsunterricht. Dem im Lehrplan festgeschriebenen Prinzip der Wissenschaftsorientierung folgend, sollte diese Auswahl immer auch aktuelle geschichtswissenschaftliche Fragestellungen und Diskurse aufgreifen. Im Folgenden wird daher versucht, ein empirisch unterfüttertes Panorama der Zeitgeschichtsforschung zu bieten.

Dimensionen der Zeitgeschichte

Die Frage, wie heute zentrale Dimensionen in der österreichischen Zeitgeschichtsforschung erhoben werden können, stößt in empirischer Hinsicht auf Herausforderungen, was die Methodisierung angeht. Österreich – und damit

---

29 Bundesgesetzblatt für die Republik Österreich, Teil II, 1. Verordnung, 2.1.2023.

auch seine geschichtswissenschaftliche Forschungslandschaft – ist im Vergleich zu anderen Ländern auf Grund seiner relativ geringen Bevölkerungszahl wohl als überschaubar zu klassifizieren, und doch hat sich die hiesige Zeitgeschichtsforschung breit ausdifferenziert. Zeitgeschichtsforschung wird nicht nur an den sechs österreichischen Universitätsstandorten betrieben, sondern auch an zahlreichen außeruniversitären Einrichtungen, in Forschungsgruppen, an Gedenkstätten etc. Die jeweiligen Forschungsinteressen, Fragestellungen, Methoden und Herangehensweisen sind dementsprechend heterogen, genauso wie die Veröffentlichung und Vermittlung der Forschungsergebnisse.

Für die österreichische Zeitgeschichtsforschung im 21. Jahrhundert können dennoch zwei zentrale Plattformen des wissenschaftlichen Austauschs zum Thema festgemacht werden: der seit 1993 stattfindende *Österreichische Zeitgeschichtetag*[30] und die seit 1973 herausgegebene Zeitschrift *zeitgeschichte*. Durch die überregionale und institutionenübergreifende Zusammensetzung der Redaktion der *zeitgeschichte* einerseits und die zwischen den sechs österreichischen Zeitgeschichte-Instituten bzw. -abteilungen alternierende Organisation des *Zeitgeschichtetags* andererseits sowie auch die damit verbundenen Peer-Review-Prozesse bei der Auswahl der einzelnen Beiträge erheben beide Diskussionsformate zu Recht einen Anspruch auf Intersubjektivität, Aktualität und Relevanz. Gleichzeitig sind sich die Autoren des vorliegenden Beitrages dessen bewusst, dass ein solches Vorgehen auch Limitationen aufweist. Die sich über diese Zugriffe ergebende Dokumentation einer österreichischen Zeitgeschichtsforschung stellt ein theoretisches Konstrukt dar, das man potentiell durch einen Abgleich mit der Publikationstätigkeit von zeitgeschichtlich arbeitenden Mitarbeiter:innen an universitären und außeruniversitären Forschungseinrichtungen erweitern könnte oder auch durch eine Analyse aller eingereichten Dissertationen zur österreichischen Zeitgeschichte bzw. an österreichischen Institutionen.

Abgesehen von diesen möglichen Erweiterungen einer Datenerhebung bilden die in den beiden oben genannten tonangebenden wissenschaftlichen Diskussionsformaten veröffentlichten bzw. vorgetragenen Inhalte eine aussagekräftige Ausgangsbasis, um inhaltsanalytische Aussagen zu aktuellen Forschungstrends der österreichischen Zeitgeschichtsforschung treffen zu können. Als Datenbasis für die hier eingebundene Untersuchung wurden daher (1) die Jahrgänge der *zeitgeschichte* ab 2020 und (2) die Vorträge der drei letzten *Österreichischen Zeitgeschichtetage* (Innsbruck 2020, Salzburg 2022 und Graz 2024) herangezogen und einer qualitativen Inhaltsanalyse unterzogen. Als Grundlage für die angelegten Analysekategorien wurde das aktuellste, von Marcus Gräser und Dirk

---

30 Siehe zu dessen Entwicklung: Ingrid Böhler, Es begann in Innsbruck – eine kurze Geschichte des Österreichischen Zeitgeschichtetags, in: Thomas Albrich/Ingrid Böhler (Hg.), Österreich – Spanien – Lateinamerika. Festschrift für Klaus Eisterer, Innsbruck 2021, 21–45.

Rupnow herausgegebene Standardwerk zur österreichischen Zeitgeschichtsforschung herangezogen: In dem 2021 erschienenen Werk *Österreichische Zeitgeschichte – Zeitgeschichte in Österreich*[31] unternahmen führende Expert:innen eine *Standortbestimmung in Zeiten des Umbruchs*, wie der Untertitel des Buchs treffend beschreibt. Der so prominent platzierte „Umbruch" ist definitiv nicht abgeschlossen, und dennoch scheint es in den Jahren seit dem Erscheinen des Bandes zu Interessensverlagerungen gekommen zu sein, weshalb im Rahmen des vorliegenden Beitrages die Analysekategorien stellenweise erweitert wurden. Den drei von Gräser und Rupnow verwendeten (und hier teilweise adaptierten) strukturellen Ebenen „Epochen und Zäsuren", „Felder und Themen" und „Verhältnisse" wurde noch eine vierte Ebene der „Räumlichkeit" hinzugefügt, da sie mit Blick auf die seit langem diskutierte Verortung der österreichischen Zeitgeschichte im Spannungsfeld zwischen Nationalgeschichte und transnationalem bzw. globalem Anspruch[32] neue Erkenntnisse erwarten lässt.[33]

Grundlage der Datenerhebung bilden einerseits die Abstracts der Einzelvorträge, Diskussionsrunden und Open-Space-Formate der *Zeitgeschichtetage* sowie andererseits die Abstracts der Hefte der *zeitgeschichte*. Bei einigen wenigen Tagungsvorträgen sind Überschneidungen zu Artikeln, die in weiterer Folge in der *zeitgeschichte* veröffentlicht wurden, erkennbar. Sie wurden dennoch doppelt gezählt, da sich die thematischen bzw. methodischen Herangehensweisen offenbar in beiden Settings durchsetzen konnten, was wiederum aussagekräftig hinsichtlich ihrer „Wertigkeit" innerhalb der *scientific community* ist. Mehrfachzuordnungen innerhalb der einzelnen strukturellen Analyseebenen wurden ebenfalls vorgenommen. So behandeln einzelne Beiträge beispielsweise mehrere der für die Auswertung definierten zeitlichen Epochen. Insgesamt ergibt sich so eine Datengrundlage von 374 untersuchten Beiträgen, wobei 81 aus den *zeitge-*

---

31 Marcus Gräser/Dirk Rupnow (Hg.), Österreichische Zeitgeschichte – Zeitgeschichte in Österreich. Eine Standortbestimmung in Zeiten des Umbruchs, Wien 2021.
32 Siehe in diesem Kontext etwa Claudia Kraft, Transnationalismus, in: Marcus Gräser/Dirk Rupnow (Hg.), Österreichische Zeitgeschichte – Zeitgeschichte in Österreich. Eine Standortbestimmung in Zeiten des Umbruchs, Wien 2021, 348–366. Dass sich nicht nur die österreichische Zeitgeschichtsforschung mit dieser Frage beschäftigt, illustriert ein aktueller Beitrag von Julia Angster für Deutschland: Julia Angster, Zeitgeschichte zwischen nationaler und globaler Geschichte, in: Vierteljahreshefte für Zeitgeschichte 74 (2024) 2, 289–302.
33 Um die kategoriale Inhaltanalyse empirisch abzusichern, wurde der erweiterte Kappa-Koeffizient nach Brennan/Prediger für die Codierungen zu „Epochen" und zu „Räumlichkeit" verwendet und über ein Intercoding abgesichert. Die erreichten Kennwerte gelten als „sehr gut" – Vgl. Robert L. Brennan/Dale J. Prediger, Coefficient Kappa. Some Uses, Misuses, and Alternatives, in: Educational and Psychological Measurement, 41 (1981), 687–699, 693; Udo Kuckartz, Qualitative Inhaltsanalyse. Methoden, Praxis, Computerunterstützung, 4. Auflage, Weinheim/Basel 2018, 210 und 215–216. – Bei den anderen Codes wurde darauf verzichtet, da aufgrund der großen Breite des Kategoriensets der Kappa-Wert nicht mehr aussagekräftig wäre.

schichte-Heften stammen und die übrigen 293 auf den drei *Zeitgeschichtetagen* vorgetragen wurden (Innsbruck 2020: 65, Salzburg 2022: 107, Graz 2024: 121).

Nicht alle Beiträge sind jedoch eindeutig zuordenbar. So sind etwa gerade methodisch-konzeptionelle Beiträge oft räumlich oder zeitlich schwer bis gar nicht fassbar. Insgesamt kann aber doch die überwiegende Mehrheit der Beiträge entsprechend den vier strukturellen Ebenen verortet werden, wodurch die Analyse aussagekräftige Rückschlüsse auf Trends aber auch Leerstellen der österreichischen Zeitgeschichtsforschung erlaubt.

Epochen

Mit Blick auf die bereits diskutierte Dominanz des Themas Nationalsozialismus im österreichischen Geschichtsunterricht stellt sich die Frage, welchen zeitlichen Abschnitten des 20. und 21. Jahrhunderts von der österreichischen Zeitgeschichtsforschung besonderes Interesse zuteil wird. Als zeitliche Marker für die vorliegende Untersuchung wurden die politischen Systemwechsel Österreichs im 20. Jahrhundert herangezogen und zusätzlich wurde die Kategorie „21. Jahrhundert" eingeführt, um explizite Forschungen zur aktuellsten Zeitgeschichte sichtbar zu machen. Die Probleme, die mit der Verwendung dieser spezifisch österreichischen Schablone für die globale Zeitgeschichte mit ihren ganz unterschiedlichen Zäsuren und zeitlichen Kategorisierungsschemata einhergehen, sind offensichtlich, allerdings erscheinen sie uns nicht zuletzt in Bezug auf die in weiterer Folge noch diskutierten thematischen und räumlichen Schwerpunktsetzungen der österreichischen Zeitgeschichtsforschung aussagekräftige Marker zu sein.

Die erhobene bzw. hier gezeigte epochale Verteilung darf nicht mit einer inhaltlichen Auseinandersetzung mit der jeweiligen Regierungsform gleichgesetzt werden. So fällt etwa auf, dass sich Beiträge, die zeitlich in die Zeitspanne 1934 bis 1938 fallen, nicht zwingend mit Austrofaschismus auseinandersetzen, sondern etwa mit Kulturnationalismus in der amerikanischen Musik oder böhmischen Veteranen des Ersten Weltkriegs, während hingegen fast alle Beiträge, die sich mit der Zeitspanne 1938 bis 1945 befassen, auch tatsächlich den Nationalsozialismus zum Thema haben. Überhaupt ist die bereits angesprochene Dominanz der Auseinandersetzung mit der Zeit des Nationalsozialismus[34] auch

---

34 Marcus Gräser/Dirk Rupnow, Einleitung, in: Marcus Gräser/Dirk Rupnow (Hg.), Österreichische Zeitgeschichte – Zeitgeschichte in Österreich. Eine Standortbestimmung in Zeiten des Umbruchs, Wien 2021, 9–19, 15. Zu einer anderen Einschätzung kam 2013 Jiří Pešek, der mit Verweis auf zwei kleinere quantitative Erhebungen ebenjene Dominanz zumindest ansatzweise in Zweifel zog. Vgl. Jiří Pešek, Die österreichische Zeitgeschichtsforschung und ihre

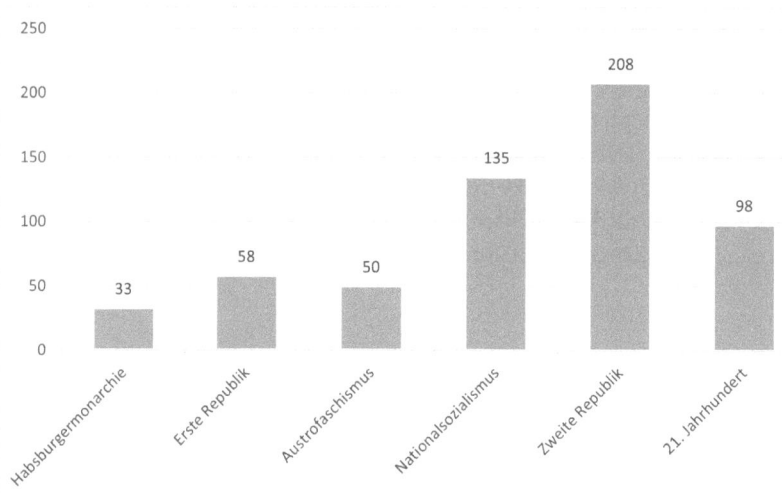

Abb. 4: Die epochalen Schwerpunktsetzungen der einzelnen Beiträge (κ=0,94)

in diesem Untersuchungssample zu beobachten (36,1 %). Dennoch scheint es in Bezug auf die zeitliche Fokussierung im Laufe des 21. Jahrhunderts zu einer Diversifizierung gekommen zu sein. Konstatierte Hanisch etwa Anfang der 2000er noch, dass die Geschichte der Zweiten Republik weitgehend den Sozialwissenschaften überlassen wurde,[35] so beschäftigen sich im untersuchten Sample 69,8 % der Beiträge mit der Zeit nach 1945,[36] auch wenn dieser Beobachtung beigefügt werden muss, dass viele dieser Beiträge dennoch einen klaren thematischen Bezug zur NS-Zeit aufweisen, etwa im Feld der Geschichts- und Erinnerungskultur.

Mit Blick auf die für den Beginn der österreichischen Zeitgeschichte oftmals gesetzte Markierung der Jahre 1917/1918 fällt auf, dass sich doch fast ein Zehntel (8,8 %) aller Beiträge mit der Zeit davor auseinandersetzen, wobei hier der Fokus klar auf den ersten beiden Jahrzehnten des 20. Jahrhunderts liegt. Weitere 15,5 % der Beiträge sind zeitlich in den Jahren der Ersten Republik verortet. Bemerkenswert ist in diesem Zusammenhang, dass ähnlich wie beim Thema Austrofaschismus (13,4 %) der inhaltliche Schwerpunkt selten auf der österreichischen

---

Protagonisten, in: Jiří Pešek/Oliver Rathkolb et al. (Hg.), Zeitgeschichte in Bewegung. Die österreichische Erforschung des 20. Jahrhunderts, Prag 2013, 15–27, 21–23.

35 Ernst Hanisch, Die Dominanz des Staates. Österreichische Zeitgeschichte im Drehkreuz von Politik und Wissenschaft, in: Alexander Nützenadel/Wolfgang Schieder (Hg.), Zeitgeschichte als Problem. Nationale Traditionen und Perspektiven der Forschung in Europa (Sonderheft 20 der Zeitschrift Geschichte und Gesellschaft), Göttingen 2004, 54–77, 70.

36 53 Beiträge beschäftigen sich sowohl mit der Zeit zwischen 1945 und 1999 als auch mit dem 21. Jahrhundert, daher ergeben sich insgesamt 261 Beiträge, die die Zeit nach 1945 behandeln und nicht 306, wie man nach einer Addition der Angaben in Abbildung 4 vermuten würde.

Politik und Gesellschaft liegt, sondern eher auf zeitlichen Längsschnitten, etwa im Kontext einzelner Biografien. Hier hat sich der Fokus der österreichischen Zeitgeschichtsforschung seit den 1970er-Jahren stark verschoben, in denen die innenpolitischen Entwicklungen der Ersten Republik noch ein Hauptinteresse bildeten.[37]

Etwas mehr als ein Viertel (26,2 %) der Beiträge thematisiert auch das 21. Jahrhundert, wobei hier ein eklatanter Unterschied zwischen den *Zeitgeschichtetagen* (29 %) und den *zeitgeschichte*-Heften (16 %) auffällt. Thematisch sind diese Beiträge vor allem im Bereich Erinnerungskultur, Public History und Digital History angesiedelt. In Bezug auf die zuvor angeführten zeitgeschichtlichen Anwendungsbereiche der 8. Schulstufe (Abb. 3) fällt auf, dass der gesellschaftliche Wandel im 21. Jahrhundert in der rezenten Forschung offenbar mehr Beachtung findet als die ebenfalls angeführten Aspekte von Globalisierung.

Räumlichkeit

Wiederholt wurde in der fachwissenschaftlichen Diskussion ein verengter (eigen-)nationalstaatlicher Blick der österreichischen Zeitgeschichtsforschung problematisiert. So haben nicht zuletzt Gräser und Rupnow eine stärkere Internationalisierung der österreichischen Zeitgeschichte gefordert.[38] Im Zuge der vorliegenden Studie wurde daher auch das räumliche Interesse der österreichischen Zeithistoriker:innen erhoben.

Die Visualisierung der Daten im Balkendiagramm zeigt eindeutig, dass der Fokus der österreichischen Zeitgeschichtsforschung auf dem europäischen Raum liegt, mit dem sich fast 9 von 10 Beiträgen (89,3 %) auseinandersetzen. Das Bild ist allerdings insofern minimal verzerrt, als alle Nennungen der Sowjetunion – so keine spezifischen Teilrepubliken genannt wurden – zu Europa gezählt wurden, da in diesen Fällen thematisch meist eine deutliche Bezugnahme auf den europäischen Raum bzw. europäische Akteur:innen erkennbar ist.[39]

---

37 Vgl. dazu Helmut Konrad, Zeitgeschichtsforschung in Österreich seit 1945 – Ein Rückblick, in: Marcus Gräser/Dirk Rupnow (Hg.), Österreichische Zeitgeschichte – Zeitgeschichte in Österreich. Eine Standortbestimmung in Zeiten des Umbruchs, Wien 2021, 21–35, 31.

38 Gräser/Rupnow, Einleitung, 17. Rathkolb hingegen meinte 2010 etwas optimistischer, die österreichische Zeitgeschichte sei im Begriff, ihre nationalen Grenzen abzubauen. Vgl. Oliver Rathkolb, Grußworte des Leiters der Zeitgeschichtetage 2010, in: Linda Erker/Alexander Salzmann/Lucile Dreidemy/Klaudija Sabo (Hg.), Update! Perspektiven der Zeitgeschichte. Zeitgeschichtetage 2010, Innsbruck 2012, 19–20.

39 In den meisten Beiträgen, in denen die Sowjetunion behandelt wird, geschieht dies unter gleichzeitiger Behandlung europäischer Staaten. Nur in vier Fällen kommt Europa in diesem Kontext überhaupt nicht vor.

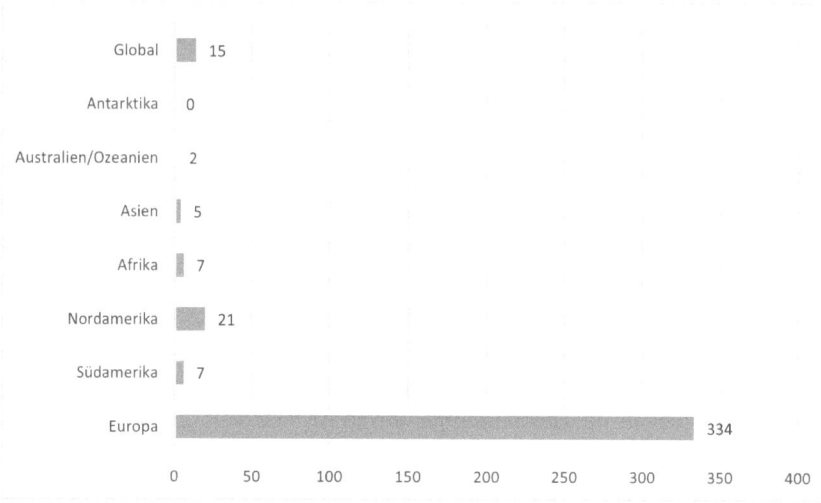

Abb. 5: Die räumliche Verteilung der einzelnen Beiträge (κ=0,98)

Davon abgesehen besteht Interesse an Nordamerika (5,6 %), wobei hier fast ausschließlich die USA im Zentrum der Analyse stehen und – marginalisiert – an Südamerika und Afrika mit je 1,9 % bzw. Asien mit 1,3 %, wobei bei letzterem eben theoretisch auch die Sowjetunion mitgezählt werden könnte, was zu einer deutlich größeren Resonanz führen würde (5,9 %). Australien bzw. Ozeanien spielt mit 0,5 % de facto in der österreichischen Zeitgeschichtsforschung keine Rolle, und Antarktika wird derzeit überhaupt nicht berücksichtigt. Zahlreiche Beiträger:innen würden sich selbst vermutlich einen globalen Anspruch zuschreiben, bei den vorliegenden Abstracts wird ein solcher allerdings nur in 4 % der Fälle sichtbar.

Es bietet sich daher eine Ausdifferenzierung mit Bezug auf den europäischen Raum an, basierend auf dem Großgliederungsvorschlag von Peter Jordan[40]. Auch hier zeigt sich ein klarer Trend: 85,6 % der Beiträge, die sich mit Regionen Europas befassen, fokussieren auf Mitteleuropa (Deutschland, Schweiz, Lichtenstein, Slowenien, Kroatien, Ungarn, Slowakei, Polen, Tschechien und Österreich, wobei letzteres in 68,9 % der sich mit Europa befassenden bzw. 61,5 % aller Beiträge eine zentrale Rolle spielt). Abgesehen von Polen und Kroatien konzentriert sich die österreichische Zeitgeschichtsforschung damit vor allem auf Österreich selbst und dessen direkte Nachbarländer. Die Orientierung an den heutigen Staatsgrenzen verzerrt dabei den Blick auf Südeuropa und damit auf das noch fehlende Nachbarland Österreichs, Italien, zumindest teilweise, da die sich

---

40 Peter Jordan, Großgliederung Europas nach kulturräumlichen Kriterien, in: Europa Regional 13 (2005) 4, 162–173.

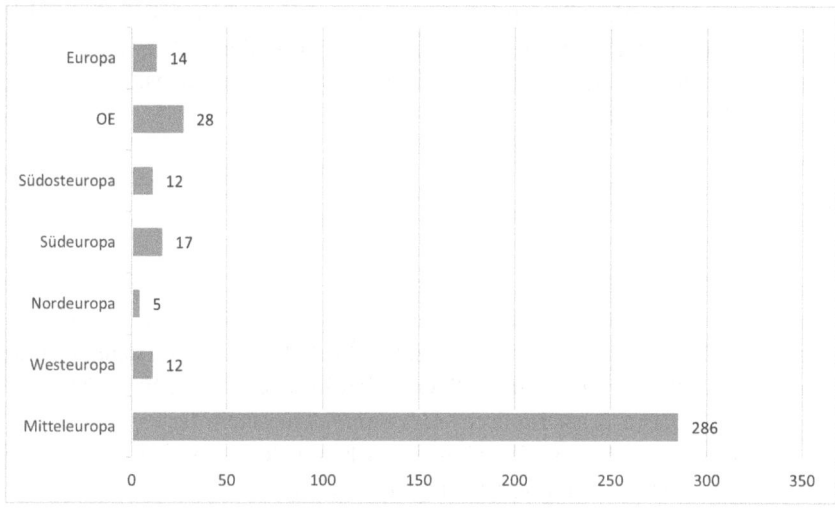

Abb. 6: Die räumliche Verteilung der Beiträge innerhalb Europas

mit diesem Raum beschäftigenden Beiträge (5,1 %) sich vor allem Südtirol/Alto Adige widmen. Die übrigen Beiträge behandeln Osteuropa (8,4 %), Westeuropa (3,6 %), Südosteuropa (3,6 %) und einige wenige Nordeuropa (1,5 %). 3,9 % der Beiträge nehmen Europa als Ganzes in den Blick.

Die von Hanisch Anfang der 2000er beschriebene Herausforderung einer „transnationalen Zeitgeschichte" in Bezug auf Österreich generell und besonders auf die Verortung des Landes im zentraleuropäischen Raum[41] scheint damit von der österreichischen Zeitgeschichtsforschung angenommen worden sein, wenn es auch regionale Unterschiede gibt. Es wirkt anhand der analysierten Datensätze etwa so, als würde Slowenien in der aktuellen österreichischen Zeitgeschichtsforschung kaum eine Rolle spielen. Thematisch fällt in Bezug auf den für die österreichische Zeitgeschichte bedeutenden transnationalen Referenzpunkt Deutschland auf, dass hier vor allem Forschungsarbeiten geleistet werden, die sich mit der Zeit des Nationalsozialismus auseinandersetzen.

Auch wenn es auf Basis der publizierten Abstracts nicht immer eindeutig zu definieren ist, wird ein Trend sichtbar, dass österreichische Zeitgeschichtsforschung (wohlgemerkt auch zu außerösterreichischen Themen) nach wie vor eher innerhalb des nationalstaatlichen Rahmens verbleibt (54,8 %), als dass transnationale Fragestellungen entwickelt werden (39,8 %). Globale Zugänge sind – wie bereits angeführt – nur äußerst selten identifizierbar.

Zusammenfassend zeigt sich, dass sich die österreichische Zeitgeschichtsforschung nach wie vor überwiegend auf Europa bzw. Österreich (eben auch in

---

41 Hanisch, Dominanz, 76.

seinen transnationalen Bezügen) konzentriert. Dieser Fokus auf Österreich wurde bereits in vergangenen Jahrzehnten, etwa Mitte der 1990er von Gerhard Botz[42], beschrieben und hat sich in seiner Grundtendenz offensichtlich nicht maßgeblich verändert.

Themen

Die nach 1945 beschriebene „Koalitionsgeschichtsschreibung"[43] diversifizierte sich mit neueren Zugängen und Fragestellungen der 68er-Generation. Spätestens seit den 1980er-Jahren wurde die österreichische Zeitgeschichtsforschung damit insgesamt „vielfältiger und bunter"[44], was allerdings auch zu Kritik geführt hat. So bemängelte etwa Ernst Hanisch, dass damit Relevanzkriterien zunehmend verschwinden würden,[45] freilich ohne einen klaren Rahmen abzustecken, wie die Relevanz historischer Fragestellungen bemessen werden könne. In abgeschwächter Form stellten Marcus Gräser und Dirk Rupnow die etwas vage These in den Raum, dass diese Vielfalt zugleich Stärke als auch Schwäche sei.[46]

Im Rahmen der inhaltlichen Analyse der untersuchten Abstracts wurde auch der Versuch unternommen, dominante thematische Schwerpunktsetzungen bzw. eventuelle Leerstellen der ausdifferenzierten österreichischen Zeitgeschichtsforschung auszumachen. Wenig überraschend zeichnet sich auch hier ein Bild, in dem die Auseinandersetzung mit der NS-Herrschaft nach wie vor prägend ist, allerdings vor allem im Hinblick auf den Umgang mit dem NS-Erbe und den Kriegsfolgen nach 1945.[47] So setzen sich 17,9 % aller Beiträge mit Opfern des NS-Regimes auseinander (gegenüber 11,2 %, die NS-Täter:innen in den Blick nehmen), was möglicherweise damit zu erklären ist, dass die Auseinandersetzung mit der Täter- und Opfergeschichte durch österreichische Zeithistoriker:innen erst spät eingesetzt hat[48] und dadurch nach wie vor große Forschungslücken bestehen. 14,4 % der Beiträge behandeln Aspekte aus dem Themenkomplex der Kriegsfolgen (teilweise allerdings auch des Ersten Weltkriegs) und weitere (sich teils mit den bereits genannten Themen überlappende) 13,6 % rücken die Erinnerungskultur in den Fokus, wobei hier auffällt, dass Letztere eng mit Forschungsfragen aus dem Feld der Public History verknüpft ist. Die gerade durch

---

42 Botz, Thesen, 25.
43 Hanisch, Dominanz, 55.
44 Ebd., 70. Vgl. dazu auch Botz, Thesen, 27.
45 Hanisch, Dominanz, 71.
46 Gräser/Rupnow, 14.
47 Eine ähnliche Beobachtung in Verbindung mit einer von ihm beschriebenen Internationalisierung machte Jiři Pešek bereits 2013. Vgl. Pešek, Zeitgeschichtsforschung, 26.
48 Hanisch, Dominanz, 65.

das DÖW geprägte und lange durchaus tonangebende Forschung zum Widerstand gegen das NS-Regime[49] spielt im untersuchten Sample hingegen eine marginale Rolle (3,7 %) und auch Zwangsarbeit[50] (1,6 %) und Fragen von Restitution (1,1 %) sind nur mehr selten Thema.

Daneben – teilweise in Überschneidung mit den zuvor genannten Aspekten – ist eine starke Fokussierung auf Fragen aus dem Themenkomplex Migration, Flucht und Exil zu beobachten, mit dem sich in Summe fast ein Fünftel (19,5 %) aller Beiträge beschäftigen. Auch die Auseinandersetzung mit dem Kalten Krieg (12,3 %), der Blick auf Brüche und Kontinuitäten im 20. Jahrhundert (12,3 %) und die Beschäftigung mit Aspekten der Justiz und Strafverfolgung (7,5 %) bilden aktive Forschungsfelder.

Ein großes Interesse besteht aktuell auch an Fragestellungen aus dem Bereich der Geschlechtergeschichte (13,9 %), das sich allerdings nach wie vor fast ausschließlich an Fragen von Weiblichkeiten bzw. Männlichkeiten orientiert. Queere Themen werden hingegen nur in 1,1 % der Beiträge behandelt. Zumindest in diesem Kontext scheint die österreichische Zeitgeschichtsforschung nicht zentral in aktuelle gesellschaftspolitische bzw. identitätspolitische Debatten involviert zu sein. Dazu passt auch, dass der Themenkomplex Kolonialismus, Dekolonialisierung und Neokolonialismus nur in 2,9 % der Beiträge eine Rolle spielt, während *race* immerhin in 6,4 % der Beiträge einen analytischen Orientierungsrahmen bildet. Intersektionale Fragestellungen werden äußerst selten formuliert (1,6 %), wenn sich auch durch einzelne Beiträge zu *class* (4,5 %), Antisemitismus (7,0 %), Inklusion (4,3 %), Krankheit (2,1 %) oder Behinderung (3,2 %) potentielle Anwendungsbeispiele ergeben könnten. Auch die aktuell brennende Auseinandersetzung mit Fragen aus dem Bereich Umwelt und Klima scheint für die derzeitige Zeitgeschichtsforschung keine besondere Dringlichkeit zu haben (5,9 %).[51]

Nur 3,5 % der Beiträge setzen sich ausdrücklich mit Europa bzw. der EU auseinander, einen nachhaltigen thematischen Boom hat das Zusammenwachsen Europas also bislang nicht bewirkt.[52] Ein größerer Fokus liegt auf Zugängen, die Medien in den Vordergrund rücken (Medien allgemein 7,8 %, Film/Video 4,8 %, Fotos 4,0 %, digitale Medien 5,9 % und Musik 0,8 %). Im Bildungsbereich

---

49 Vgl. dazu etwa Konrad, Zeitgeschichtsforschung, 32.
50 2013 von Hanns Haas noch als eines der Leitthemen der jüngeren Zeitgeschichtsforschung ausgemacht. Vgl. Hanns Haas, Länderzeitgeschichte – Regionale Zeitgeschichte, in: Jiří Pešek/Oliver Rathkolb et al. (Hg.), Zeitgeschichte in Bewegung. Die österreichische Erforschung des 20. Jahrhunderts, Prag 2013, 28–54, 36.
51 Dieser Befund trifft auch auf die Jubiläumsfeier anlässlich des 50-jährigen Bestehens der Zeitschrift *zeitgeschichte* am 14. Juni 2024 in Wien zu. Für den Hinweis danken die Autoren Johannes Dafinger.
52 Vgl. dazu die diesbezügliche Überlegung von Botz Mitte der 1990er. Vgl. Botz, Thesen, 28–29. Oder auch jene von Pešek, Zeitgeschichtsforschung, 17.

(Bildung allgemein 4,3 %) richtet sich das Interesse stärker auf Universitäten (4,8 %) als auf Schulen (1,3 %). Wie in der Folge noch gezeigt werden wird, gibt es große Schnittmengen zwischen der österreichischen Zeitgeschichtsforschung und der Politikwissenschaft. Soziale Bewegungen (7,5 %) und Parteien (5,1 %) werden nicht zuletzt auch aus diesem Blickwinkel beleuchtet.

Helmut Konrad hat unlängst rückblickend festgestellt, dass es nie einen wirklichen „österreichischen Historikerstreit" gab.[53] Mit Blick auf das Datenmaterial ist der Beobachtung von Gräser und Rupnow zuzustimmen, dass keine „Konfliktlinien entlang unterschiedlicher Einschätzungen zentraler Problemfelder der österreichischen Zeitgeschichte in der Wissenschaft" erkennbar sind.[54] Ein österreichischer (Zeit-)Historiker:innenstreit ist somit auch in naher Zukunft nicht zu erwarten, zu divers sind die Themen und Fragestellungen, als dass sich hier gravierende Deutungsunterschiede ablesen lassen könnten. Am ehesten würde man solche noch in Bezug auf die Einordnung des Regimes der Jahre zwischen 1933/34 und 1938 erwarten, doch scheint dieser Konflikt sowohl auf politischer als auch wissenschaftlicher Ebene weitestgehend abgekühlt zu sein. Zumindest im vorliegenden Datensatz hat sich insgesamt die Einschätzung dieser Herrschaftsform als „austrofaschistisch" weitgehend durchgesetzt.[55]

Verhältnisse

Die thematischen Schwerpunktsetzungen der einzelnen Beiträge bedingen, dass sich die österreichische Zeitgeschichtsforschung auch für methodische und theoretische Zugänge aus anderen Bereichen der Geschichtswissenschaft bzw. aus benachbarten Disziplinen öffnet.[56] Hierbei sind zwei dominante Bereiche erkennbar, und zwar einerseits die Sozial- und Gesellschaftsgeschichte (39,3 %), was der gegenteiligen Einschätzung Hanischs aus dem Jahr 2004[57] widerspricht, und andererseits die Politikwissenschaft (34,2 %), deren Dominanz Hanisch in der angesprochenen Analyse ebenfalls beobachtet hat und aus der Gewaltgeschichte der ersten Hälfte des 20. Jahrhunderts erklärt[58].

---

53 Konrad, Zeitgeschichtsforschung, 30.
54 Gräser/Rupnow, Einleitung, 15.
55 Siehe dazu etwa Carlo Moos (Hg.), (K)ein Austrofaschismus? Studien zum Herrschaftssystem 1933–1938, Wien 2021.
56 Dieser interdisziplinäre Anspruch ist nicht neu. Siehe dazu etwa die aus zehn Disziplinen kommenden Referent:innen des 7. Österreichischen Zeitgeschichtetags 2008 in Innsbruck. Vgl. Ingrid Böhler/Eva Pfanzelter/Tom Spielbüchler/Rolf Steininger (Hg.), 7. Österreichischer Zeitgeschichtetag 2008. 1968 – Vorgeschichten – Folgen. Bestandsaufnahme der österreichischen Zeitgeschichte, Innsbruck 2010.
57 Hanisch, Dominanz, 64.
58 Ebd., 72.

Der Stellenwert von Einflüssen aus der Geschlechtergeschichte und Erinnerungskultur wurde im Bereich der thematischen Fokussierung schon angeführt, von ähnlicher Bedeutung sind Zugänge aus den Kulturwissenschaften (11,8 %), der Biografieforschung (12,0 %), Mediengeschichte (10,4 %), Diplomatiegeschichte (10,2 %) und Wirtschaftsgeschichte (9,6 %). Seltener aber immerhin greifen österreichische Zeithistoriker:innen auf Rüstzeug aus der Wissenschafts- und Universitätsgeschichte[59] (6,7 %), Rechtsgeschichte (6,7 %), Umweltgeschichte (6,4 %), Militärgeschichte (6,4 %) und Regionalgeschichte (5,9 %) zurück. Die von der 1968er-Generation in den Fokus gerückte Arbeitergeschichte[60] wird in 4,5 % der Beiträge herangezogen. Einzelne Beiträge bauen auch auf Konzepten aus der Geschichtsdidaktik und der Politischen Bildung (5,1 %), der Museologie (5,1 %) und der Archivwissenschaften (2,7 %) bzw. der Jüdischen Geschichte abseits der Shoa (2,7 %) auf, während Zugangsweisen aus den Literaturwissenschaften[61] (1,1 %) und der Provenienzforschung (1,1 %) eine untergeordnete Rolle spielen.

Neuere Zugänge sind unterschiedlich repräsentiert. So kann beobachtet werden, dass Körpergeschichte – allerdings vor allem an der Schnittstelle zur Medizingeschichte – (8,8 %), Public History (8,6 %) und Digital History (6,7 %) zunehmend angewandt werden, während Material Culture (3,0 %), Postcolonial Studies (1,9 %) oder Queer Studies (0,5 %) ein Nischendasein fristen.

Was bedeutet dies für zeitgeschichtliche Themenzuschnitte im Geschichtsunterricht? – Ausblick

Für die Konzeption eines zeithistorisch orientierten Geschichtsunterrichts wird es darauf ankommen, neben den geschichtstheoretischen Strukturen des historischen Denkens und den damit in Verbindung stehenden zentralen fachlichen Konzepten, die ebenso wie das historische Denken auf einen Transfer zwischen unterschiedlichsten geschichtlichen Fallbeispielen ausgerichtet sind, auch jene zeithistorisch informierten Denkachsen im Unterricht einzubinden, denen es gelingt, die miterlebte Vergangenheit von Gesellschaften und die noch im Diskurs stehenden Aushandlungsprozesse pluridimensional zu berücksichtigen.

---

59 Von Oliver Rathkolb 2013 etwa als wesentlicher Bereich neuerer zeitgeschichtlicher Forschungsinteressen hervorgehoben. Vgl. Jiři Pešek, „Weg von der engen Nationalgeschichtsschreibung hin zu einer vergleichenden europäischen und internationalen Geschichte." Interview mit Oliver Rathkolb, in: Jiři Pešek/Oliver Rathkolb et al. (Hg.), Zeitgeschichte in Bewegung. Die österreichische Erforschung des 20. Jahrhunderts, Prag 2013, 113–128, 125.
60 Hanisch, Dominanz, 58.
61 1995 wurde die Literaturgeschichte von Botz noch als erste „Leit-Nachbarwissenschaft" genannt. Vgl. Botz, Thesen, 27.

Mit Blick auf die präsentierten Erhebungsergebnisse sollte zumindest vorsichtig in Frage gestellt werden, ob es nach wie vor ein besonderes Merkmal der Zeitgeschichte ist, besonders viele thematische „heiße Eisen"[62] zu bearbeiten. Es scheint, als wäre die Kontroversität[63] zeitgeschichtlicher Forschungsthemen zunehmend „abgekühlt". Gleichzeitig ist die Nähe der Zeitgeschichtsforschung zur Politik bzw. politischen Fragen nach wie vor immanent. Ernst Hanisch konstatierte etwa eine Staatsabhängigkeit der österreichischen Zeitgeschichtsforschung „in bemerkenswertem Ausmaß"[64], und auch Dirk Rupnow und Marcus Gräser beobachten eine „fast staatstragende" Rolle der Zeitgeschichtsforschung[65]. Gleichzeitig forderte nicht nur Erika Weinzierl ein „gesellschaftspolitisches Engagement der Zeithistoriker als kritische Beobachter und Aufklärer"[66].

Die hier eingebundene Analyse der zeitgeschichtlichen Beiträge hat versucht, das „lebendige und dynamische Feld" der österreichischen Zeitgeschichtsforschung[67] in seiner räumlichen, zeitlichen, thematischen und interdisziplinären Vielfalt auf Basis der beiden zentralen Publikationsplattformen der hiesigen Forschungslandschaft sichtbar zu machen. Dieser Einblick soll nicht zuletzt auch als Orientierungshilfe für Auswahlprozesse im Rahmen des Geschichtsunterrichts dienen, denn Überblickswerke zur österreichischen Zeitschichte (selbst auf einer weitgehend nationalgeschichtlichen Ebene) sind nach wie vor eher Mangelware.[68] Dies gilt auch insbesondere für den Bereich der österreichischen Demokratiegeschichte, die an sich Teil der durchaus häufig beforschten Zweiten Republik wäre. In der Einschätzung von Dirk Rupnow „fehlt bis heute eine Demokratiegeschichte in der österreichischen Zeitgeschichte, nicht nur angesichts des derzeitigen Aufschwungs des Themas, sondern vor allem auch im

---

62 Botz, Thesen, 28.
63 Vgl. dazu etwa Gerhard Botz/Gerald Sprengnagel (Hg.), Kontroversen um Österreichs Zeitgeschichte. Verdrängte Vergangenheit, Österreich-Identität, Waldheim und die Historiker (2. erweiterte Auflage), Frankfurt 2008; vgl. auch Martin Sabrow/Ralph Jessen/Klaus Große Kracht (Hg.), Zeitgeschichte als Streitgeschichte. Große Kontroversen seit 1945, München 2003.
64 Hanisch, Dominanz, 54.
65 Gräser/Rupnow, Einleitung, 11.
66 Erika Weinzierl, Zeitgeschichte als Herausforderung, in: Rudolf G. Ardelt/Christian Gerbel (Hg.), Österreich – 50 Jahre Zweite Republik (Österreichischer Zeitgeschichtetag 1995), Innsbruck/Wien 1997, 21–29, 28.
67 Gräser/Rupnow, Einleitung, 18. Vgl. dazu auch Pešek, Zeitgeschichtsforschung, 26.
68 Vgl. dazu etwa: Ernst Hanisch, Der lange Schatten des Staates. Österreichische Gesellschaftsgeschichte im 20. Jahrhundert, Wien 1994; Rolf Steininger/Michael Gehler (Hg.), Österreich im 20. Jahrhundert, (2 Bände), Wien/Köln/Weimar 1997; Hannes Leidinger/Verena Moritz, Die Republik Österreich 1918/2008. Überblick – Zwischenbilanz – Neubewertung, Wien 2008; Oliver Rathkolb, Die paradoxe Republik. Österreich 1945 bis 2005, Wien 2005.

Hinblick auf die zunehmende Gefährdung von Demokratie, weltweit, in Europa und in Österreich."[69]

Zeithistorisch informierte Auswahlentscheidungen für den Geschichtsunterricht können sich, dies wird aus dem hier gebotenen exemplarischen Einblick in die Landschaft der österreichischen Zeitgeschichte deutlich, nicht nur von der österreichischen Auslegung der Zeitgeschichte und den dort beforschten Fragestellungen leiten lassen, um Schüler:innen relevante zeithistorische Zusammenhänge in Europa bzw. der Welt näherzubringen. Damit zeigt sich einerseits, dass Geschichtsunterricht nicht einfach als Abbild einer Disziplin zu verstehen ist, sondern als schulisches Lehren und Lernen einer weit breiteren zeithistorischen bzw. disziplinären Konzeption bedarf, um den Ansprüchen an eine zeitgemäße Allgemeinbildung im gesellschaftlich-politischen Prozess gerecht zu werden. Damit können derartige Fragen nach den wissenschaftlichen Anwendungsbereichen der österreichischen Zeitgeschichte aber vor allem eines verdeutlichen, dass es nämlich keinen klar definierten und abgeschlossenen Kanon gibt. Es wäre darüber hinaus auch nicht wünschenswert, Wandel in den – letztlich aus der Gesellschaft selbst erwachsenden – Fragestellungen zum Stillstand zu bringen. Es tut daher sowohl für die wissenschaftliche Disziplin der Zeitgeschichte als auch für den zeithistorisch orientierten Geschichtsunterricht not, stets einen kritischen Blick auf sich selbst zu werfen, um nicht zu einer trivialen „Reproduktionsmaschine" vergangener Jahrzehnte zu verkommen und Fragen der zeitlichen Orientierung, die aus unserer Gegenwart erwachsen, zu ignorieren.

Die empirischen Ergebnisse der Zeitgeschichtsforschung verweisen jedoch auf stabile Größen, wie etwa auf den Nationalsozialismus (zeitliche Dimension; thematische Fragen) (36,1 %), was sich im vergleichbaren Ausmaß im Lehrplan „Geschichte und Politische Bildung" der Sekundarstufe I aus dem Jahr 2023 abbildet (ca. 35 %). Etwas unklarer ist der starke Mitteleuropa-Zentrismus, der gepaart mit einem deutlichen Fokus auf Österreich selbst die räumliche Dimension der zeitgeschichtlichen Forschung rahmt. Der dominante Fokus auf Europa, der sich über alle analysierten Beiträge hinweg feststellen lässt (ca. 90 %), irritiert angesichts der globalen Herausforderungen der Gegenwart stark. Hier greift die schon länger im Umfeld der Globalgeschichte vorgebrachte Kritik einer Privilegierung des Selbst bzw. der eigenen kulturellen Räume gegenüber dem Rest der Welt.[70] Empirische Erkenntnisse der Geschichtsdidaktik zur österrei-

---

69 Dirk Rupnow, Demokratie ohne Demokratieerzählung? Zu einer Leerstelle der österreichischen Zeitgeschichte. In: Christoph Kühberger/Reinhard Heinisch/Reinhard Klaushofer/Margit Reiter (Hg.), Demokratie nach 1945. Perspektiven auf Geschichte, Politik und Recht in Österreich, Wien 2022, 135–151, 150.
70 Vgl. Sebastian Conrad/Shalini Randeria (Hg.), Jenseits des Eurozentrismus. Postkoloniale Perspektiven in den Geschichts- und Kulturwissenschaften, Frankfurt/Main 2002; Dipesh

chischen Situation hinsichtlich der räumlichen Verortung von Geschichte in Schulbüchern und im Lehrplan deuten in genau die gleiche Richtung.[71] Man könnte an dieser Stelle die These wagen, dass sich Forschung und Schule hinsichtlich der räumlichen Verortung der zeitgeschichtlichen Erfahrungswelt ähnlich verhalten und über empirische Forschung kulturelle Muster offengelegt werden, die in beiden Sphären wirken.

Wird jedoch historisches Lernen als ein kritisches historisches Lernen verstanden, wie dies der Lehrplan seit 2008 für die Sekundarstufe I in Österreich vorsieht, so sollten Auswahlentscheidungen von Lehrpersonen unterschiedliche Orientierungsbedürfnisse der Schüler:innen und der Gesellschaft(en) berücksichtigen, um Teilhabe von intersektional verstrickten Subjekten an unserer pluralistischen Gesellschaft zu erleichtern.[72] Dies kann jedoch derzeit in der notwendigen Bandbreite, blickt man auf das untersuchte Material aus der Forschung, seitens der österreichischen Zeitgeschichte nicht geleistet werden. Sie kann aber wissenschaftlich bereits bearbeitete Anschlussstellen bieten und zum Nachdenken über Leerstellen anregen. Letztlich hat zu gelten, dass Auswahlentscheidungen für den Geschichtsunterricht das Produkt einer geschichtsdidaktischen Konstruktion sind. Jedes Beispiel aus der Zeitgeschichte (thematischer Anwendungsbereich; Quelle; Darstellung) kann zum Fallbeispiel für historisches Denken oder zum normativ gesetzten Exemplum werden. Es handelt sich dabei aber nicht vorrangig um Fragen der inhaltlichen Auswahl, sondern um Fragen nach fachspezifischen Lernzielen, förderlicher Lernprogression und didaktischer Strukturierung. Im Idealfall sind diese Auswahlprozesse an zeitliche Orientierung und Identitätsfindung seitens der Lernenden gebunden, wie dies Jörn Rüsen für das historische Denken argumentiert.[73]

Über den Lehrplan, der als normatives Instrument der demokratischen Bildungspolitik zu lesen ist, wird versucht, diesen letztlich unendlichen Möglichkeitsraum – in Resonanz mit Wissenschaft und Gesellschaft – stets weiterzuentwickeln. Es ist daher die Aufgabe der Zeitgeschichte und der Geschichtsdi-

---

Chakrabarty, Provincializing Europe, Postcolonial Thought and Historical Difference, Princeton 2000.

71 Aktuelle Untersuchungen zu Geschichtsschulbüchern fehlen. Für ein Bild am Beginn des 21. Jahrhunderts vgl. Christoph Kühberger, Invented Europe. Zur Instrumentalisierung der europäischen Geschichte im Geschichtsunterricht, in: Österreichische Zeitschrift für Geschichtswissenschaft 17 (2006) 1, 150–168; Christoph Kühberger, Globalgeschichte als Vernetzungsgeschichte. Geschichtsunterricht im Mehr-Ebenen-System, Hildesheim 2012, 264–274; Jasmin Katzier/Christoph Kühberger, Normative Geschichtsräume. Eine empirische Skizze zu österreichischen Geschichtslehrplänen seit 1955, in: Österreich. Geschichte – Literatur – Geographie 4/2022, 379–386.

72 Vgl. Heinrich Ammerer, Historische Orientierung im Geschichtsunterricht, Frankfurt/Main 2019.

73 Vgl. Jörn Rüsen, Historik. Theorie der Geschichtswissenschaft, Köln 2013, 70.

daktik, sich an der kritischen Reflexion dieser Rahmungen zu beteiligen. Daher könnte man hier abschließend nochmals versuchen, zu den drei kategorialen Bündelungen der qualitativen Inhaltsanalyse von weiter oben zurückzukehren, um diese im geschichtsdidaktischen Diskurs zu verorten. Während die Beschäftigung mit den epochalen Schwerpunkten der zeithistorischen Forschung eine – gemessen an der kurzen Zeitspanne der NS-Herrschaft in Österreich – sehr stark ausgeprägte und nicht nachlassende Dominanz der Beforschung des NS-Regimes (36.1 %) aufzeigt, lässt sie für die Zweite Republik als Zeithorizont dennoch eine hohe Aufmerksamkeit (55,61 %) erkennen. Die Erkenntnisse zur Zweiten Republik bleiben aber letztlich mit Blick auf den gültigen Lehrplan hinsichtlich einer schulischen Rezipierbarkeit sperrig und zersplittert.

So sehr auch – berechtigterweise – *master narratives* seit mehreren Jahrzehnten kritisiert und zurückgewiesen werden, zeigt sich, dass aufgrund dieser konsequenten Ablehnung umfassendere Interpretationsversuche, welche die spürbare Diversifikation der Zeitgeschichtsforschung an manchen Stellen wieder synergetisch zusammenführen, fehlen. Dadurch tendieren vermutlich auch schulische Lehrpläne (der Sekundarstufe I und II in Österreich) dazu, den Lehrpersonen wenig zeithistorische Struktur an die Hand zu geben, an welcher man Unterricht ausrichten könnte, und wenig Anregungen, wie man Verbindungen zu den Orientierungsbedürfnissen der Lernenden vor dem Hintergrund aktueller politischer Entwicklungen ausgestalten könnte. Daneben sollte jedoch auch der festgestellte Ethnozentrismus, der Europa und besonders Österreich in den Hauptfokus rückt, im 21. Jahrhundert als Ausgangspunkt der Pflichtunterweisung in der Sekundarstufe I sowie als Bildungsanliegen der Sekundarstufe II kritischer überdacht werden. Der nach wie vor merkliche Hiatus zwischen einer Selbstbeschau und unterschiedlichen Außenperspektiven scheint beträchtlich. Unterschiedliche nichteuropäische Zentren der wirtschaftlichen, politischen und kulturellen Macht werden weitgehend ausgeblendet oder treten nur im Kontext von Konflikten mit Europa in Erscheinung. Andere Aspekte wie etwa die Folgen der europäischen Expansion in der Welt bleiben im Lehrplan weitgehend unerwähnt. Ein nahezu ausschließlich an der eigenen Nationalgeschichte orientierter Geschichtsunterricht ist obsolet – das betrifft alle Epochen, nicht nur die Zeitgeschichte.

Bleibt der Versuch, den zeitgeschichtlichen Unterricht über die thematischen Setzungen und inhaltlichen Fragestellungen weiterzuentwickeln. Betrachtet man dazu nochmals die thematischen Setzungen aus dem Bereich der zeitgeschichtlichen Forschung aus der Inhaltanalyse, so zeigen sich dort vor allem Suchbewegungen, die sich erst allmählich zu neuen, als relevant wahrgenommenen Forschungssträngen zusammenfügen. Es ist daher vorerst sicherlich auch für das schulische zeitgeschichtliche Lernen von Vorteil, einen Zugang zu wählen, der einerseits etablierte Forschungstraditionen aufgreift (NS-Täter:innen und -Opfer, Umgang mit NS-Vergangenheit, Folgen des Krieges etc.), gleichzeitig aber mit Orientierungsfragen und Suchbewegungen arbeitet (z. B. im Kontext von Krankheit oder Intersektionalität), die auf eine Öffnung gegenüber Gegenwartsphänomenen und ihrer historischen Genese abzielen. Es bedarf daher sowohl einer didaktischen Reduktion von zentralen thematischen Achsen der zeitgeschichtlichen Forschung als auch einer Offenheit gegenüber objektiven Anliegen und subjektiven Frag-„würdigkeiten" der jeweiligen Schülergeneration. Diesbezüglich könnten bewusst gesetzte „Leerstellen" im Lehrplan zu produktiven Orten des historischen Lernens werden, weil sie als eingeplante Anschlussstellen an bislang nicht bekannte Fragen der Schüler:innen fungieren können, die Lehrenden die Möglichkeit geben, flexibel auf deren Interessen und sich ergebende Konstellationen an unterschiedlichen Orten und mit unterschiedlichen Einflussfaktoren zu reagieren.

Heinrich Ammerer

Ist wichtig, kann weg? Zeitgeschichte und historische Signifikanz

Wichtiges von Unwichtigem zu trennen gehört zum Kerngeschäft jeder Didaktik. Unterricht bedeutet didaktische Reduktion des Lerngegenstands auf das *Wesentliche*, sodass seine überfordernde Komplexität auf ein erträgliches, notwendiges, begreifbares Maß schrumpft. Und in der Planung und Auswahl von Unterrichtsgegenständen gilt es angesichts begrenzter Ressourcen stets, aus einem Ozean *lernmöglicher* Themen einige wenige herauszuheben, die als *lernwürdig* gelten können – aus Gründen, die gut zu überlegen und zu argumentieren sind.

Dies gilt zwar grundsätzlich für alle Unterrichtsfächer, der Geschichtsunterricht steht bei der Auswahlproblematik jedoch vor besonderen Herausforderungen. Alle Fächer finden in ihren Bezugsdisziplinen ein Überangebot an Inhalten und Themenvariationen vor, aus dem eine sinnvolle Auswahl allgemeinbildender Inhalte getroffen werden muss; die Geschichtswissenschaft operiert jedoch mit einer schlicht unüberblickbaren Menge an potenziellen Daten und Deutungen, Quellen und Schauplätzen, Perspektiven und Zugängen, Fragestellungen und Narrativen, sodass die Extraktion lernwürdiger Inhalte mit allgemeinbildendem Charakter hier eine besonders anspruchsvolle Aufgabe darstellt. Anders als HistorikerInnen, denen bei der Auswahl ihrer Themen mit Recht zugestanden wird, „dass sie jeder persönlichen Schrulle nachgehen können, ohne der sie unterhaltenden Gesellschaft Rechenschaft ablegen zu müssen",[1] müssen Geschichtslehrkräfte den Bildungswert ihrer Stoffinhalte stets im Blick behalten. Dieser lässt sich verschiedentlich begründen: Durch die Eignung des Stoffes für das Training historischer Denkfähigkeiten oder zum Gewinnen erwünschter Einsichten, zur Befriedigung situativer historischer Orientierungsbedürfnisse oder zum Aufbau eines Grundwissens, das Lernende dazu ermächtigt, sich selbst souverän in Zeit und Raum zu bewegen.

Unter diesen Vorzeichen widmet sich der Beitrag der Frage, wie eine sinnvolle und begründete Auswahl lernwürdiger Inhalte im Geschichtsunterricht unter

---

[1] Klaus Bergmann, Der Gegenwartsbezug im Geschichtsunterricht, Schwalbach/Taunus 2012, 21.

Einbezug des fachdidaktischen Konzepts der „historischen Signifikanz" getroffen werden kann. Zunächst wird ein kurzer historischen Überblick über die Entwicklung von Auswahlpraktiken im deutschsprachigen Geschichtsunterricht gegeben, anschließend wird dieses – in der anglophonen Geschichtsdidaktik seit längerem etablierte – Konzept auf theoretischer und empirischer Ebene vorgestellt und zur verstärkten Berücksichtigung in der deutschsprachigen Schuldidaktik empfohlen. Welche zeitgeschichtlichen Ereignisse junge Menschen nach Beendigung der Schullaufbahn als besonders bedeutsam ansehen und welche Begründungszusammenhänge dabei mutmaßlich wirken, wird in einer anschließend vorgestellten explorativen Studie ergründet. Abschließend werden methodische Vorschläge zur praktischen Einbindung des Konzepts in den Geschichtsunterricht unterbreitet.

I. Wichtiges Wissen: Von den „Hauptdaten der Weltgeschichte" zum individualisierten Blick auf die Vergangenheit

Lange Zeit galt der Erwerb eines profunden historischen Grundwissens als die eigentliche Zielperspektive von Geschichtsunterricht. Auch heute noch zeigen Erhebungen, dass SchülerInnen die Qualität von Geschichtsunterricht nicht zuletzt daran messen, ob er ihnen ein solches Orientierungswissen verschaffen kann – wobei es den Lernenden wichtig ist, „die aus ihrer Sicht zentralen Inhalte zu behandeln, vor allem im Hinblick auf die korrekte chronologische und räumliche Einordnung von Ereignissen und Personen. [...] Sie möchten in Gesprächen mit Familie und Freunden sowie am Ausbildungs- oder Arbeitsplatz mit solidem historischen Grundwissen bestehen."[2] In diesem Wunsch spiegelt sich noch jene Hochachtung wider, die der historischen Bildung vor allem in der späten Aufklärungszeit und im 19. Jahrhundert entgegengebracht wurde. Anfangs als Mittel zur Persönlichkeitsbildung und zur Erschließung der Welt betrachtet, entwickelte sich diese Bildung im bürgerlichen Zeitalter zu einem Instrument gesellschaftlicher Teilhabe, aber auch der sozialen Distinktion. Das aufstrebende deutsche Bildungsbürgertum verband sich dabei eng mit dem Historismus und ließ sich von ihm eine Vergangenheitserzählung konstruieren, die sowohl ihm selbst als auch der Nation ein verbindendes Geschichtsbewusstsein verschaffte. Durch historische Bildung als einem „Wissen um das

---

[2] Isabelle Nientied, Guter Geschichtsunterricht aus Schülersicht. Eine empirische Studie zu subjektiven Qualitätskonzepten von historischem Lehren und Lernen in der Schule, Berlin 2021, 306.

historische Gewordensein aller Aspekte unserer Kultur"³ sollte dieses Bewusstsein in den Lernenden verankert werden. Die Bildungsgrundlage bildete vor allem lexikalisches Sachwissen, das im Laufe des 19. Jahrhunderts zusehends nationalisiert, institutionalisiert und enzyklopädisiert wurde – und dabei in seinem Umfang so stark zunahm, dass es praktisch kaum mehr bewältigbar wurde.

Schul- und Handbücher des Fin de siècle mussten angesichts der überbordenden Detailfülle bisweilen anmahnen, die Auswahl der Inhalte an die Leistungsfähigkeit der Lernenden anzupassen und sie insbesondere „in der Betrachtung der Kriege weise zu beschränken".⁴ Lernbehelfe, die für Gymnasien und höhere Bürgerschulen einen „Kanon der zu erlernenden Geschichtszahlen" fixierten, listeten darin aberhunderte Jahresdaten auf, blieben dabei jedoch in der Regel eine Begründung dafür schuldig, welche Lernwürdigkeit nun etwa den Schlachten von Koroneia und Knidos (394 v. Ch.), dem Friedensschluss des Antalkidas (387) oder dem Siegs des Epameinondas (371) zukommen sollte.⁵ Die implizite Bedeutungszuweisung an solche Daten beruhte wohl primär auf ihrer Funktion innerhalb einer auf Wehrhaftigkeit und staatlicher Selbstbehauptung fokussierten Geschichtsbetrachtung, welche als lehrreich für die junge deutsche Nation angesehen wurde.

Einzelne historische Phänomene wurden auch explizit als historisch besonders bedeutsam markiert und diskutiert – so zielten etwa von Oskar Jäger vorgeschlagene Wiederholungsfragen vielfach auf die Nennung und Erläuterung bedeutender militärischer und diplomatischer Wendungen in historischen Konflikten, z. B.: „Aufzählung der wichtigsten Friedensschlüsse der 2. Hälfte des 17. Jahrhunderts", „Die Hauptschauplätze des 7jährigen Krieges und die wichtigsten Schlachten in chronologischer Reihenfolge?" oder „Die drei Friedensschlüsse mit Österreich und die Bedeutung der Eroberung Schlesiens?"⁶

Zudem fokussierte der stark personalisierte Unterricht des 19. und frühen 20. Jahrhunderts bei der Auswahl von Inhalten auf markante historische Per-

---

3 Vgl. Bertrand Müller, Historismus (Geistesgeschichte), in: Historisches Lexikon der Schweiz (HLS), Version vom 22.5.2014, übersetzt aus dem Französischen, URL: https://hls-dhs-dss.ch/de/articles/027834/2014-05-22/ (abgerufen 30.11.2023).
4 Christian Mayer, Leitfaden für den ersten geschichtlichen Unterricht an Mittelschulen, München o. J. [ca. 1890], Vorwort zur ersten Auflage.
5 Daten aus: Ohne Autor, Kanon zu erlernender Geschichtszahlen für das König-Wilhelms-Gymnasium, Magdeburg 1900. Ähnlich angelegt etwa: Heinrich Entz, Kanon der am Gymnasium zu Thorn zu erlernenden Geschichtszahlen, Thorn 1897; Julius Naumann, Kanon der zu memorierenden Geschichtszahlen für Gymnasien, Realgymnsaien, Realschulen und höhere Bürgerschulen zusammengestellt, Leipzig 1888.
6 Oskar Jäger, Geschichte, in: August Baumeister (Hg.), Handbuch der Erziehungs- und Unterrichtslehre für höhere Schulen, Bd. 3: Didaktik und Methodik der einzelnen Fächer, München 1898, 1–146, 109.

sönlichkeiten mit überragender historischer *Agency*. Einem heroischen Zeitalter entsprechend waren es vor allem die „Thaten schlichten Heldentums"[7] von Feldherren, HerrscherInnen und Abenteurern jeder Art, die bei den Lernenden verfingen und offenbar auch deutliche Motivationseffekte zeitigten. Lehrkräften wurde daher auch geraten, bei jeder sich bietenden Gelegenheit „berühmte Männer, Gelehrte und Dichter", kurzum: „hervorragende Persönlichkeiten" mit ihren Taten und Charaktereigenschaften zu präsentieren, um so das „Interesse der Schüler für den Unterricht zu erwecken und zu erhalten."[8] Entsprechend stellten Schulbücher Repetitionsfragen folgender Art: „Welche hervorragenden Dichter, Gelehrte, Maler, Bildhauer, Baumeister und Musiker aus dieser Periode sind zu nennen?" „Was für denkwürdige Frauen gehören dieser Zeit an?"[9] Dieses Lernen anhand von vorbildhaften historischen Persönlichkeiten stand klar im Zeichen des *exemplarischen* Sinnbildungsmodus, wie ihn Jörn Rüsen in seiner Typologie historischer Sinnbildungsformen beschrieben hatte: Die Vergangenheit bot hier Beispiele, aus denen allgemeingültige Regeln zur Orientierung eigenen Handelns abgeleitet werden konnten („historia magistra vitae").[10] Die didaktische Kunst bestand folglich darin, passende historische Beispiele für die pädagogischen Zielsetzungen zu finden.

Die völkisch orientierte Geschichtsdidaktik der NS-Zeit, die sich von den auf Objektivität bedachten Grundsätzen des Historismus vollständig abwandte, dehnte das Prinzip, von den „großen Taten" der Altvorderen im Sinne einer politisch erwünschten Lebenshaltung zu lernen, auf die gesamte Stoffauswahl aus: Immer müsse „das Große" gezeigt werden, da in ihm „das ewige Gesetz sichtbar" werde; „nur wo große Taten empfunden und verstanden werden, ist die Voraussetzung für das Auffassen geschichtlicher Zusammenhänge gegeben, das Ohnmächtige und Kleine hat keine Geschichte."[11]

---

7 Ebd., 5.
8 Ohne Autor, Schülerbuch für den Unterricht in der Geschichte für die oberen Klassen der Volksschulen und für Fortbildungsschulen bearbeitet von mehreren öffentlichen Lehrern, München 1876, 4.
9 Ebd., 81.
10 Rüsen zufolge kennzeichnet dieser Sinnbildungsmodus – wiewohl eigentlich eine vormoderne Form historischen Denkens – bis heute den Geschichtsunterricht, da er „*selbst didaktisch angelegt ist und tausende von Jahren in allen Hochkulturen dominiert hat*" (Jörn Rüsen, Über einige theoretische Grundlagen der Geschichtsdidaktik, in: Wolfgang Hasberg/Holger Thünemann (Hg.), Geschichtsdidaktik in der Diskussion: Grundlagen und Perspektiven, Berlin 2016, 19–36, 29).
11 Reichsministerium für Wissenschaft, Erziehung, und Volksbildung, Erziehung und Unterricht in der Höheren Schule. Amtliche Ausgabe des Reichs- und Preußischen Ministeriums für Wissenschaft, Erziehung, und Volksbildung, Berlin 1938, 69–70; zit. n. Kurt Flessau, Schule der Diktatur. Lehrpläne und Schulbücher im Nationalsozialismus, Frankfurt/Main 1982, 106, Fußnote 49.

Die Bedeutung des Bildungskanons schwand in den Nachkriegsjahrzehnten deutlich, zumal sein gesellschaftlicher Disktinktionswert durch die Bildungsexpansion schrumpfte. Mit dem Eintritt in das Quellenparadigma verlor die akademische Geschichtsdidaktik das Interesse am Festlegen und Begründen verbindlicher Stoffbestände, was bis heute regelmäßig Kritik heraufbeschwört,[12] und wandte sich stattdessen der Vermittlung abstrakter Fachlogiken zu. Geschichte sollte vom Lern- zum Denkfach werden, prozedurales und konzeptionelles Wissen höher als Faktenwissen gewichtet werden, exemplarische und diachrone Erschließungsweisen Geschichte als einen „Steinbruch" begreifen lassen, „aus dem wir auswählen können"[13] – je nach subjektivem Orientierungsbedürfnis. Flüchtiges „fingertip knowledge"[14] gewann dabei verstärkt an Wert gegenüber festem Merkwissen.

Heute eröffnen inhaltlich zusehends opak gehaltene, verstärkt auf diachrone und exemplarische Zugänge setzende Curricula Lehrkräften und SchulbuchautorInnen vielfältige Möglichkeiten der Stoffauswahl, stoßen dabei jedoch bei nicht wenigen AnwenderInnen auf Skepsis, die so den Aufbau konventioneller Grundwissensbestände vernachlässigt sehen.[15] Angesichts der Pluralisierung der Gesellschaft ist indes nicht damit zu rechnen, dass kanonischen Wissensbeständen und entsprechenden Konventionen absehbar wieder eine vergleichbare Bedeutung zukommen wird wie in der Vergangenheit. Wie Peter Lautzas feststellte, konnte ein Bildungskanon wohl nur unter spezifischen historischen und gesellschaftlichen Bedingungen durchgesetzt werden.[16] Es gilt daher, auch im Unterricht künftig anders über die Bedeutsamkeit historischer Inhalte nachzudenken.

---

12 Schon in der Erstausgabe der Zeitschrift „Geschichtsdidaktik" belächelte Joachim Radkau die „Allergie der Didaktik gegenüber der konkreten Stofflichkeit" (Derselbe, Geschichtsdidaktische Wunschträume, oder: Der Ausflug in die Utopie als Weg zur Empirie, in: Geschichtsdidaktik 1 (1976) 1, 22–30, 28.); vgl. aktueller beispielsweise Karsten Behrndt/Frank Michael Wittwer, Hauptsache kompetent? Warum beim Geschichtsunterricht die Themen nicht aus dem Blick geraten dürfen, in: Geschichte in Wissenschaft und Unterricht 73 (2022) 1/2, 73–77.
13 Bärbel Völkel, Immer mehr desselben? Einladung zu einer kritischen Auseinandersetzung mit dem chronologischen Geschichtsunterricht, in: Geschichte in Wissenschaft und Unterricht 62 (2011) 5/6, 353–362, 362.
14 Vgl. Christine Counsell, Historical knowledge and historical skill: a distracting dichotomy, in: James Arthur (Hg.), Issues in History Teaching, London 2012, 54–71.
15 Siehe hierzu etwa die hitzige Diskussion um die Berliner und Brandenburger Rahmenlehrpläne, vgl. Der Tagesspiegel, Neue Rahmenpläne: 300 wütende Geschichtslehrer lassen Dampf ab, 3.3.2015. URL: https://www.tagesspiegel.de/berlin/schule/300-wutende-geschichtslehrer-lassen-dampf-ab-2543764.html (abgerufen 5.12.2023).
16 Peter Lautzas, Bildungskanon im Fach Geschichte, in: Ute Erdsiek-Rave/Marei John-Ohnesorg (Hg.), Bildungskanon heute, Berlin 2012, 116–121, 118.

II. Nachdenken über Wichtigkeiten: Historische Signifikanz als Konzept

Die Abkehr der Geschichtsdidaktik von definierten kanonischen Wissensbeständen nimmt die Lehrkräfte in die Pflicht, über den Bildungswert der ausgewählten Unterrichtsinhalte noch sorgsamer zu reflektieren und diese gut zu legitimieren. Schon aus motivationalen Gründen sollte die Bedeutung der Inhalte im Rahmen des historischen Lernens für SchülerInnen jederzeit erkennbar sein – niemand lernt gerne unnütze oder unzusammenhängende Dinge. Noch besser freilich ist es, die Lernenden bewusst in den Prozess der Auswahl und Bedeutungszuschreibung mit einzubeziehen und damit gleichzeitig ihr historisches Denken zu fördern, sodass sie einen reflektierten und selbstreflexiven Umgang mit Bedeutungszuschreibungen erlangen.

SchülerInnen jene Logiken und Denkweisen bewusst zu machen, die HistorikerInnen bei der Rekonstruktion von Vergangenheit still und leise zur Anwendung bringen, wird in der angelsächsischen (insbesondere britischen) Geschichtsdidaktik im Rahmen des Lernens mit Konzepten seit den 1990er-Jahren versucht. Dahinter stehen lerntheoretische Ansätze, die der konstruktivistischen Conceptual-change-Forschung zugeordnet werden können und die darauf abzielen, die Alltagsvorstellungen der Lernenden behutsam in wissenschaftsnahe Denkweisen zu überführen. Eines dieser *higher-order-thinking-concepts* wird als „historische Signifikanz" gefasst; anders als der „Relevanz"-Begriff, der in der Regel stärker auf das individuelle Verhältnis der Lernenden zu den Lerninhalten abstellt,[17] bezieht sich historische Signifikanz auf die Bedeutungszuweisung an historische Phänomene im Gefüge historischer Erzählungen und kollektiver historischer Bewusstseinsinhalte. Befassen sich SchülerInnen systematisch mit dem Konzept, reflektieren sie ihre Bedeutsamkeitszuschreibungen deutlich wissenschaftsnäher und differenzierter. Seit 1995 ist das Konzept Teil das nationalen Curriculums in England, 2014 wurde es Bestandteil der Zielsetzungen des Geschichtslehrplans.

Historische Signifikanz ist natürlich keine intrinsische Eigenschaft eines Ereignisses oder einer Entwicklung, sondern eine externe Zuschreibung. Sie variiert je nach Standpunkt und Erkenntnisinteresse – etwa zwischen Nationen, Individuen, Generationen oder auch zwischen Individuen und ihren jeweiligen Erinnerungsgemeinschaften. Wie Martin Hunt unterstrich, handelt es sich hier im Kern um ein übergeordnetes Meta-Konzept, das komplexer ist als andere narrative Konzepte wie etwa „Kausalität" oder „Kontinuität und Wandel" und mit

---

17 Vgl. hierzu etwa Markus Daumüller: Relevanz statt Kompetenz, in: Markus Daumüller/Manfred Seidenfuß (Hg.), Endstation Geschichtsunterricht. Die Sicht von Schulabgängerinnen und Schulabgängern auf ihren Geschichtsunterricht, Berlin 2017, 13–24.

allen zusammenspielt.[18] Will man im Unterricht einen konzeptuellen Verständniszuwachs herbeiführen, müssen die Schülerinnen und Schüler angeregt werden, über Bedeutungskriterien nachzudenken, statt fremde Bedeutungszuschreibungen gedanken- und kritiklos zu übernehmen.[19]

Welche Kriterien könnte man hier nun zur Diskussion stellen? Die ersten Vorschläge hierzu orientierten sich noch sehr an der Arbeitsweise von HistorikerInnen – oder genauer gesagt: an jenen Auswahlkriterien, von denen man annahm, dass sie HistorikerInnen implizit nutzen, wiewohl innerhalb des fachwissenschaftlichen Diskurses kein formeller Konsens über solche Kriterien besteht.

Richtungsweisend für die fachdidaktische Diskussion war dabei Geoffrey Partingtons Vorschlag von fünf Signifikanzfaktoren aus 1980.[20] Demnach hinge die Bedeutung von Ereignissen ab von der Bedeutung des Ereignisses für die ZeitgenossInnen („importance"), der Tragweite seiner Konsequenzen („profundity"), der Zahl der betroffenen Personen („quantity"), den Nachwirkungen des Ereignisses („durability") und seiner Bedeutung für unser Geschichtsverständnis („relevance").

Tim Lomas ergänzte hierzu einige notwendige Relativierungen: Schließlich könne sich etwa die zugeschriebene Bedeutung von Ereignissen im Laufe der Zeit ändern; Menschen (und Kulturen) hätten durchaus unterschiedliche Vorstellungen davon, was historisch bedeutsam sei; Ereignisse könnten an Bedeutung gewinnen, wenn sie andere anstießen bzw. an andere angebunden seien, und scheinbar unbedeutende Ereignisse könnten auch durch ihren Symbolcharakter Bedeutung erlangen.[21] Daran anknüpfend unterstrich auch Peter Seixas die subjektive und relative Komponente des Konzepts – welche Bedeutung wir historischen Sachverhalten beimessen, hinge schließlich nicht zuletzt auch von uns selbst, unseren Interessen und Belangen ab.[22]

Ein weiterer Faktorenvorschlag, abgeleitet aus den Ergebnissen eines Forschungsprojekts zum Ersten Weltkrieg und mit dem eingängigen Akronym GREAT versehen, kam von Rob Philipps: Ereignissen würde demnach Bedeutung zugesprochen, wenn sie richtungsweisend („Groundbreaking"), wohl erinnert

---

18 Vgl. Martin Hunt, Teaching Historical Significance, in: Michael Riley/Richard Harris (Hg.), Past forward: A vision for school history 2002–2012, London 2003, 33–46.
19 Vgl. Christine Counsell, Looking through a Josephine-Butler-shaped window: Focusing pupils' thinking on historical significance, in: Teaching history 114 (2004), 30–36, 30.
20 Vgl. Geoffrey Partington, The idea of an historical education, Slough 1980, 112–116. Der Vorschlag wurde beispielsweise grob übernommen bei Stéphane Lévesque, Thinking historically. Educating Students for the Twenty-First Century, Toronto 2008, 42–52.
21 Vgl. Tim Lomas, Teaching and assessing historical understanding, London 1990, 41.
22 Vgl. Peter Seixas, Historisches Bewusstsein. Wissensfortschritt in einem post-progressiven Zeitalter, in: Jürgen Straub (Hg.), Erzählung, Identität und historisches Bewusstsein. Die psychologische Konstruktion von Zeit und Geschichte, Frankfurt/Main 1998, S. 234–265, 238.

(„Remembered"), mit weitreichenden Konsequenzen verbunden („Effects that are far-reaching"), wirkungsvoll in die Zukunft weisend („Affecting die future") oder auch schlicht beängstigend („Terrifying") seien.[23]

In der weiteren Diskussion unterstrich Christine Counsell die Notwendigkeit einer kritischen Behandlung solcher Faktoren im Unterricht. Lernende müsste die impliziten Kriterien in den Arbeiten anderer erkennen und nicht nur mit vorhandenen Kriterienkatalogen wie dem GREAT-Modell arbeiten, sondern auch eigene Faktoren erstellen.[24] Counsell schlug ein weiteres eingängiges Kriterienset vor, die „fünf Rs",[25] das Geraint Brown und James Woodstock später auf sieben Faktoren erweiterten:[26]

- „Remembered and referred to" (etwas ist bedeutsam, weil es Teil der Geschichts-/Erinnerungskultur ist)
- „Resulting in change" (bedeutsam wegen der Veränderungen, die es anstieß)
- „Relevant" (bedeutsam in Bezug auf eine spezifische Zeit, Kultur oder Fragestellung)
- „Revealing" (bedeutsam zur Illustration eines größeren Zusammenhangs)
- „Remarkable" (bedeutsam wegen seiner Ungewöhnlichkeit)
- „Remarked upon" (bedeutsam für die zeitgenössische Wahrnehmung)
- „Resonates" (bedeutsam wegen seines Beispielcharakters)

Counsell betonte auch den geschichtskulturellen Blickwinkel: „Why did these things end up discussed in public domains long after the event? That is the issue. This is what needs to be examined by pupils."[27] Hierfür kamen Modi der Bedeutungszuschreibung ins Spiel, bei denen das kollektive Erinnern im Vordergrund steht. Stéphane Lévesque schlug in diesem Zusammenhang den Begriff der „Gedächtnis-Signifikanz" vor, bei der die Bedeutung von Ereignissen vor allem von seinem Nutzen für die Gegenwart bestimmt wird. Er unterschied dabei die Bedeutsamkeit durch persönliche Interessen, durch Geschichtslektionen und durch eine symbolische Auflading von Ereignissen für nationale oder gemeinschaftliche Zwecke.[28]

---

23 Vgl. Rob Philipps, Historical Significance – The Forgotten „Key Element"? In: Teaching History 106 (2002), 14–19. Diese Systematik wurde u. a. von Matthew Bradshaw didaktisch aufbereitet, vgl. Derselbe, Creating controversy in the classroom: Making progress with historical significance, in: Teaching History 125 (2006), 18–25.
24 Vgl. Counsell, A Josephine-Butler-shaped window, 32.
25 Vgl. Ebd., 34.
26 Geraint Brown/James Woodstock, Relevant, rigorous and revisited: Using local history to make meaning of historical significance, in: Teaching history 134 (2009), 4–11.
27 Vgl. Counsell, A Josephine-Butler-shaped window, 36.
28 Vgl. Stéphane Lévesque, Teaching second-order concepts in Canadian history: The importance of „historical significance", in: Canadian social studies 39 (2005) 2. URL: http://www.educ.ualberta.ca/css/Css_39_2/ARLevesque_second_order_concepts.htm.

In verdichtender Zusammenführung dieser verschiedenen Ansätze schlug Seixas im Rahmen des kanadischen „Historical Thinking Project" (2008–2014) eine zweigliedrige Modellierung des Konzepts vor.[29] Ereignisse, Personen oder Entwicklungen könnten demnach als historisch signifikant angesehen werden, wenn sie
- zu Veränderungen führen (wobei das Ausmaß der Veränderung, die Zahl der betroffenen Personen und die Dauer der Konsequenzen zu berücksichtigen sind) oder
- uns historische Sachverhalte besser verstehen lassen

In schulischen Kontexten sollte dieser Kriterienvorschlag zudem durch eine Bewusstmachung des Konstruktionscharakters von historischer Signifikanz ergänzt werden, um einer kritiklosen Übernahme vorzubeugen.[30]

Unterfüttert wurden solche theoretischen Überlegungen durch die empirische Beforschung der zugehörigen SchülerInnenvorstellungen. 1994 konnte Seixas in einer Studie mehrere Faktoren empirisch auffinden und abgrenzen, darunter den Einfluss eines Ereignisses auf die zeitgenössische Welt, die Zahl der davon betroffener Personen und den Erklärwert des Ereignisses für unsere Gegenwart).[31] Lis Cercadillo verglich die Vorstellungen englischer und spanischer SchülerInnen dreier Altersgruppen (12/13, 14/15, 16/17) zu zwei historischen Themengebieten, die in beiden Ländern unterrichtet wurden: Dem Untergang der spanischen Armada und den Feldzügen Alexanders des Großen. Die Befragten sollten sich dabei zunächst mit je zwei (konfligierenden) Texten zur Bedeutung der historischen Sachverhalte befassen und anschließend selbst eine begründete Einschätzung hierzu abgeben. Die Begründungen ließen sich in der Auswertung zu fünf Kategorien gruppieren, welche in quantifizierender Rückbindung auf die Altersgruppen zugleich eine Art Progressionslogik bildeten:[32]
- Zeitgenössische Signifikanz: Das Ereignis ist bedeutsam, weil es bereits bei den ZeitgenossInnen als bedeutsam angesehen wurde
- Kausale Signifikanz: Die Bedeutsamkeit des Ereignisses ergibt sich aus den Konsequenzen, die es zeitigte, und den Prozessen, die es anstieß
- Musterhafte Signifikanz: Dem Ereignis kommt Bedeutung innerhalb einer (von späteren Rekonstruierenden als wichtig erachteten) historischen Er-

---

29 Vgl. Historical thinking Project. URL: https://historicalthinking.ca/historical-significance.
30 Vgl. Peter Seixas/Tom Morton, The Big Six Historical Thinking Concepts, Toronto 2013, S. 24–35.
31 Vgl. Peter Seixas, Students' understanding of historical significance, Theory and Research, in: Social Education 12 (1994) 3, 281–384, 290–293.
32 Vgl. Lis Cercadillo, Significance in History: Student's ideas in England and Spain, in: Alaric Dickinson/Peter Gordon/Peter Lee (Hg.), Raising Standards in History Education, London 2001, 16–145, 126–127.

zählung zu, etwa als Anfangs-, Wende-, Endpunkt von Aufstiegs- oder Untergangserzählungen
- Symbolische Signifikanz: Das Ereignis wird von späteren Rekonstruierenden als lehrreich angesehen, es indiziert einen verborgenen Zusammenhang
- Bedeutsamkeit für Gegenwart und Zukunft: Die Konsequenzen des Ereignisses reichen bis in die (gegenwärtige) Zukunft

Weitere Entwicklungsfaktoren zeigten sich für Cercadillo darin, dass ältere SchülerInnen mehrere Arten obiger Signifikanzbegründung zur Anwendung bringen konnten, dabei stärker auf musterhafte und symbolische Signifikanzzuschreibungen achteten und historische Signifikanz weniger als intrinsische, unveränderbare Qualität eines Ereignisses betrachteten denn als (standort- und kontextgebundene) veränderbare externe Zuschreibung; darin offenbarte sich auch ein komplexeres, abstrakteres Verständnis historischen Wandels.[33] Jüngere SchülerInnen dagegen machen, wie Karin Bergmann feststellte, häufig noch gar keinen Unterschied zwischen ihrem persönlichen Interesse an Ereignissen und der entsprechenden Bedeutungszuschreibung: „Their own emotions, mostly involving the things they see as exciting or entertaining, seem to be linked to the periods they view as important and to the periods they see as being vital to learn about."[34]

Dass neben dem Alter auch regionale/nationale Hintergründe, Identitäten und Weltbilder Einfluss auf die Bedeutungszuschreibung haben, wurde unter anderem von Seixas,[35] Keith Barton, Linda Levstik[36] und Carla Peck herausgearbeitet.[37] Lévesque stellte diesbezüglich beispielsweise fest, dass sich in Ontario selbst anglo- und frankophone SchülerInnen in ihren Signifikanzzuschreibungen unterscheiden, was auf ein unterschiedliches Geschichtsverständnis bei

---

33 Cercadillo modellierte hier 5 Niveaus: 1. Kein Hinweis auf irgendeine Bedeutungszuschreibung, 2. Intrinsisch und einzelne Signifikanz, 3. Festgelegte Bedeutung (nur zeitgenössisch und kausal), 4. Festgelegte Bedeutung (darüber hinaus), 5. Variable Bedeutung (unter Berücksichtigung der Quellensichtweisen; 5.1 nur zeitgenössisch/kausal, 5.2 darüber hinaus); zit. n. Richard Harris/Katharine Burn/Mary Wooley (Hg.), The Guided Reader to Teaching and Learning History, London 2013, 106.
34 Karin Bergman, How younger students perceive and identify historical Significance, in: History Education Research Journal 17 (2020) 2, 164–178, 170. URL: https://doi.org/10.14324/HERJ.17.2.03.
35 Vgl. Peter Seixas, Mapping the terrain of historical significance, in: Social education 61 (1997), 220–228.
36 Vgl. Keith Barton/ Linda Levstik, „It Wasn't a Good Part of History": National Identity and Ambiguity in Students' Explanations of Historical Significance, in: Teachers College Record 99 (1998) 3, 478–513.
37 Vgl. Carla Peck, Multi-ethnic high-school student's understanding of historical significance: Implications for Canadian history education, Dissertation, University of British Columbia 2009, DOI: 10.14288/1.0055123.

Mehrheits- und Minderheitsgesellschaften hindeuten könnte.[38] Eine interkulturelle Vergleichsstudie des Beitragsautors, bei der österreichische und kanadische SchülerInnen zweier Altersstufen in interviewt wurden, zeigte deutliche Unterschiede im erreichten konzeptuellen Verständnisniveau zugunsten der kanadischen Lernenden, was wiederum der Einbindung des Konzepts im dortigen Geschichtsunterricht zugeschrieben werden darf.[39]

Eine weitere Interviewstudie des Beitragsautors[40] nahm die Entwicklung des Signifikanzverständnisses im Zusammenspiel mit anderen Konzepten wie Kontinuität und Wandel, Fortschritt und Verfall oder Agency vom Kindergartenkind bis zum Erwachsenen in den Blick und stufte das gezeigte Konzeptverständnis nach Abstraktions- und Komplexitätsgrad jeweils auf drei Niveaus. Im Falle von historischer Signifikanz wurde ein basales Niveau zuerkannt, wenn sich die Befragten begründungslos auf die Nennung von Epochen und Ereignissen beschränkten, ein mittleres bei einer ergänzenden historischen Begründung, die das Beispiel kausal auf nachfolgende Zeiten oder die Gegenwart bezog oder es als lehrreich argumentierte. Auf einem elaborierten Niveau ließen die Befragten darüber hinaus metareflexive Überlegungen erkennen, etwa indem sie die Begründung nach relationalen Gesichtspunkten differenzierten (Wichtig für wen? Wichtig in welchem Zusammenhang? Wichtig für welche Fragestellung? Etc.). Dieses Verständnisniveau wurde am Ende der Sekundarstufe II von einem Viertel der Befragten erreicht, auch die Geschichtestudierenden wiesen kaum höhere Werte auf. Demgegenüber fiel gerade bei diesem Konzept der sprunghafte Verständniszuwachs während der Sekundarstufe I auf: Während bei den 9–10-jährigen noch ausschließlich das Basisniveau anzutreffen war, erreichten die 13–14-jährigen bereits fast vollständig ein mittleres Verständnisniveau. Da die konzeptuellen Zuwächse in der Sekundarstufe I vor allem auf den historische Wissenszuwächse zurückgeführt werden können, müssen die ausbleibenden Steigerungen in den höheren Schulstufen der geringen Aufmerksamkeit angelastet werden, die dem Konzept im österreichischen Geschichtsunterricht zukommt.[41]

Aus diesen Erkenntnissen kann unter anderem geschlossen werden, dass das Konzept in höheren Lernaltern besonders intensiv im Unterricht angesprochen und mit hintergründigen Diskussionen über mögliche Mechaniken der Bedeutungszuschreibung vertieft werden sollte, wohingegen in unteren Klassen zu-

---

38 Vgl. Lévesque, Teaching second-order concepts.
39 Vgl. Heinrich Ammerer/Peter Seixas, Historical Consciousness in Austrian (Salzburg) and Canadian Youth. Findings of an intercultural comparative exploration, in: Heinrich Ammerer/Thomas Hellmuth/Christoph Kühberger (Hg.), Subjektorientierte Geschichtsdidaktik, Schwalbach/Taunus 2015, 273–318.
40 Vgl. Heinrich Ammerer, Konzepte historischen Denkens und ihre Entwicklungslogik. Eine Studie zur Genese historischer Verständnishorizonte, Frankfurt/Main 2022.
41 Vgl. ebd., 183.

nächst die Anwendung von und Auseinandersetzung mit einfachen Kriterien im Mittelpunkt steht.

III. Bedeutungsvorstellungen zu zeitgeschichtlichen Ereignissen

Seit 2018 erhebt der „Multidimensionale Erinnerungsmonitor" (MEM0) des Bielefelder Instituts für interdisziplinäre Konflikt- und Gewaltforschung Einstellungen zur Erinnerungskultur. Die jüngste Erhebung konzentrierte sich auf 16–25-jährige und fragte selbige auch nach vergangenen Ereignissen und Zeiträumen, „die für uns als Gesellschaft bis heute wichtig sind oder wichtig sein könnten".[42] Mit auffallender Eindeutigkeit fokussierten die Befragten auf Ereignisse und Entwicklungen des 20. Jahrhunderts: Den Zweiten Weltkrieg (58 %), den Ersten Weltkrieg (36 %), die deutsche Teilung und Wiedervereinigung (31 %) sowie den Nationalsozialismus (25 %). Auch die weiteren genannten Einzelereignisse fielen fast ausnahmslos in die jüngere Vergangenheit, während früheren historischen Epochen und epochenübergreifenden Kategorien vergleichsweise wenig Bedeutung beigemessen wurde. Die Zeitgeschichte wird demnach von Jugendlichen und jungen Erwachsenen als eine besonders beachtenswerte Epoche wahrgenommen, was vermutlich auf das ausgeprägte Interesse zurückzuführen ist, das Lernende ab der Pubertät für diese Ära entwickeln.[43] So zeigte beispielsweise die Sinus-Studie 2016, dass das Interesse der 14–17-Jährigen in besonderem Maße der deutschen Geschichte im 20. Jahrhundert gilt: „*Insbesondere der Nationalsozialismus ist für Jugendliche aller Lebenswelten ein präsentes und spannendes Thema, mit dem sich vor allem die Gymnasiasten intensiv auseinandersetzen – manche sogar in ihrer Freizeit.*"[44]

Der Reiz der Zeitgeschichte lässt sich leicht mit ihrer hohen Relevanz für unsere Gegenwartsgesellschaft erklären, ihrer großen und folgereichen geopo-

---

42 Jonas Rees/Michael Papendick/Maren Scholz/Leon Walter/Andreas Zick, Multidimensionaler Erinnerungsmonitor (MEMO) 2023, Forschungsbericht, Universität Bielefeld 2023. URL: https://www.stiftung-evz.de/assets/1_Was_wir_f%C3%B6rdern/Bilden/Bilden_fuer_leb endiges_Erinnern/MEMO_Studie/2023_MEMO_Jugend/MEMO_Jugendstudie_2023_DE.pdf. Die TeilnehmerInnen konnten bis zu drei Ereignisse oder Zeiträume nennen.

43 Jüngere SchülerInnen zeigen dagegen, wie empirische Erhebungen seit den 1960er-Jahren zeigen, vergleichsweise wenig Interesse an der Zeitgeschichte und präferieren vor allem vormoderne Epochen.

44 Marc Calmbach/Silke Borgstedt/Inga Borchard/Peter Martin Thomas/Berthold Flaig, Wie ticken Jugendliche 2016? Lebenswelten von Jugendlichen im Alter von 14 bis 17 Jahren in Deutschland, Berlin 2016, 384. Auch in der erwähnten Studie des Autors wurden Erster und Zweiter Weltkrieg in allen Untersuchungsgruppen ab der Sekundarstufe I mit deutlichem Abstand am häufigsten genannt, wohingegen PrimarstufenschülerInnen noch stärker auf wichtige Entdeckungen und Erfindungen fokussierten, vgl. Ammerer, Konzepte historischen Denkens, 182.

litischen Dynamik, der Dramatik und existentiellen Bedrohlichkeit vieler Schlüsselereignisse, der anschaulichen Quellenvielfalt, der Verarbeitung vieler Ereignisse in der populären Geschichtskultur, der leichten Zugänglichkeit auratischer (Tat)-orte und der familiengeschichtlichen Verstrickung der Lernenden mit der Epoche; zudem wird gerade den Hypotheken der Zeitgeschichte ein besonderer Wert für die historische Orientierung der Gesellschaft zuerkannt.

Als zeitlich eng fassbare, motivational ansprechende und in ihren Kerndaten geläufige Epoche ist die Zeitgeschichte auch gut zur Beforschung der Signifikanzvorstellungen von Lernenden geeignet. Nachfolgend werden die Ergebnisse einer kleinen explorativen Fragebogenstudie mitgeteilt, die der Autor im Studienjahr 2022/23 an fünfzig Geschichts-Lehramtsstudierenden unterschiedlicher Semester an der Universität Salzburg durchführte. Ziel der Untersuchung war es, zu beleuchten, wie junge Menschen, die selbst kurz zuvor Geschichtsunterricht in einem Gesamtausmaß besucht hatten, das sie zu einem einschlägigen Studium berechtigte, historische Signifikanzbewertungen und -begründungen in Bezug auf eine Reihe von – chronologisch angeordneten – zeitgeschichtlichen Daten vornehmen und ob sich dies möglicherweise von den Einschätzungen akademischer ExpertInnen unterscheidet. Im ersten Schritt sollten die Studierenden die „Wichtigkeit" von 20 zeithistorischen Schlüsseldaten[45] auf einer fünfgliedrigen Likert-Skala (von 1 – „sehr wichtig" bis 5 – „völlig unwichtig") bestimmen, wobei Wichtigkeit hier auch Lernwürdigkeit meinte: Als wichtig markierte Ereignisse sollten die SchülerInnen dann am Ende ihrer Schullaufbahn im Rahmen historischen Grundwissens kennen, sie einordnen und erklären können.

Im nächsten Schritt wählten die Befragten (eine oder mehrere) Begründungen für ihre Bedeutungszuschreibung aus, wobei in Analogie zur Signifikanz-Defi-

---

45 Die Beispieldaten basierten auf einem Satz mehrfach aufzufindender Daten, die in Kapiteln zu zeithistorischen Themen in ausgewählten Schulbüchern der Sekundarstufe I und II (Zeitbilder 4 [Zeitleisten in allen chronologischen Kapiteln]; Geschichte Oberstufe 7/8 [sechs Zeittafeln in chronologischen Kapiteln]; Geschichte Aktuell 1/8 [Zeittafeln zu zeithistorischen Modulen]) übergreifend aufzufinden waren. In Abstimmung mit einer studentischen Hilfskraft wurden aus diesem Grunddatensatz einerseits 14 politikgeschichtliche Daten ausgewählt, bei denen unter Berücksichtigung der Ergebnisse einer früheren Studie (Heinrich Ammerer, Alles was man wissen muss, in: Christoph Kühberger (Hg.), Historisches Wissen, Schwalbach/Taunus 2012, 237–248) angenommen werden konnte, dass die Befragten sie mehrheitlich korrekt zeitlich verorten können würden, sowie zur Kontrastierung sechs weitere, bei denen das Gegenteil angenommen wurde (Anti-Baby-Pille, SPÖ-Alleinregierung, Justizpalastbrand, Apartheid, Marsch auf Washington, Marsch auf Rom). Primär wurden zeitlich eng datierbare Ereignisse gelistet; bei den Weltkriegen und einer beispielhaften Regierungszeit wurden indes keine Einzelereignisse (z. B. Kriegseintritt der USA), sondern die zugehörigen Zeiträume angesprochen. Die Auswertung erfolgte über einfache Häufigkeitsauszählungen sowie Berechnungen des arithmetischen Mittels und von Prozentanteilen. Mit Blick auf den Stichprobenumfang und die -fehler sind die Ergebnisse naturgemäß nur sehr eingeschränkt verallgemeinerbar.

nition im Big-6-Modell mit Ergänzung eines identitätsreflexiven Aspekts ein kausalitäts- (das Ereignis bewirkte tiefgreifende und lange anhaltende Konsequenzen), ein quantitäts- (es betraf sehr viele Menschen), ein identitäts- (es ist wichtig für das heutige Selbstverständnis einer Kultur/Nation etc.) und ein orientierungsbezogener Faktor (wir können aus dem Ereignis viel über die Geschichte lernen) angeboten wurden.

	Studierende					ExpertInnen
	Bedeutung	War besonders folgenreich	Betraf sehr viele Menschen	Ist wichtig für Identität	Ist für uns besonders lehrreich	Bedeutung
Zweiter Weltkrieg	1,1	0,96	0,94	0,56	0,78	1,3
Erster Weltkrieg	1,2	0,92	0,88	0,4	0,46	1
„Anschluss" Österreichs	1,2	0,74	0,6	0,5	0,54	1
Unterzeichnung d. Öst. Staatsvertrags	1,4	0,44	0,38	0,88	0,26	2,3
Hitler wird Reichskanzler	1,4	0,9	0,42	0,18	0,58	1
Frauenwahlrecht in Österreich	1,5	0,58	0,58	0,64	0,38	1,8
Fall der Berliner Mauer	1,5	0,84	0,84	0,62	0,58	1,3
EU-Beitritt Österreichs	1,6	0,48	0,46	0,8	0,18	1,8
Atombomben auf Hiroshima u. Nagasaki	1,7	0,5	0,66	0,12	0,66	2
Terroranschlag auf das WTC	1,9	0,68	0,64	0,32	0,54	1,5
Beginn der Apartheit in Südafrika	2,2	0,4	0,62	0,5	0,46	2,8
Justizpalastbrand in Wien	2,2	0,44	0,16	0,38	0,36	2,5
Marsch auf Washington (Martin L. King)	2,2	0,26	0,48	0,62	0,48	2,5
Kuba-Krise	2,4	0,28	0,38	0,14	0,6	2
Börsenkrach in New York (Black Friday)	2,4	0,64	0,8	0,02	0,48	2,3
Russische Februar-/Oktoberrevolution	2,5	0,6	0,42	0,26	0,18	1,3

(Fortsetzung)

	Studierende					ExpertInnen
	Bedeutung	War besonders folgenreich	Betraf sehr viele Menschen	Ist wichtig für Identität	Ist für uns besonders lehrreich	Bedeutung
SPÖ-Alleinregierung unter Kreisky	2,6	0,38	0,28	0,54	0,34	2,5
Marsch auf Rom (Mussolini)	2,7	0,48	0,34	0,1	0,32	1,3
Erfindung der Anti-Baby-Pille	2,9	0,52	0,74	0,26	0,3	2,5
Erste Mondlandung	3,1	0,2	0,2	0,36	0,36	3,3

Tabelle 1: Bedeutungseinschätzung bei Studierenden und ExpertInnen (Mittelwerte), gewählte Kriterien bei Studierenden (Anteile)

Tabelle 1 zeigt die Ergebnisse. Erwartungsgemäß wiesen die Befragten den beiden Weltkriegen sowie Ereignissen im Kontext des Nationalsozialismus die höchste Bedeutung zu. Die Weltkriege wurden durchgängig als kausal bedeutsam und als ein auf besonders viele Menschen wirkendes Ereignis eingestuft. Besonders viele Bedeutungszuschreibungen in jeder Kategorie wurden an den Zweiten Weltkrieg gemacht, wo mehr als drei Viertel der Befragten die historische Orientierungsfunktion des Konflikts unterstrich und mehr als die Hälfte seine Bedeutung für unsere Identätsbildung hervorhob; 92 % der Befragten schätzten das Ereignis und seine Kenntnis als „sehr wichtig" ein. Ebenfalls hohe Zustimmungswerte in allen Kategorien erzielte der Fall der Berliner Mauer. Umgekehrt wurde die erste Mondlandung in allen Kategorien als von vergleichsweise geringer Bedeutung eingestuft. Dass den Kriterien im Einzelfall unterschiedliches Gewicht zukam, zeigte die höhere Einstufung der Kubakrise gegenüber der Erfindung der Anti-Baby-Pille; erstere wurde zwar weniger oft als kausal, quantitativ und identitätsbildend bedeutsam eingeschätzt als letztere, dafür deutlich öfter als historisch lehrreich angesehen.

Die Kriterien „Folgenreich" und „Betraf viele Menschen" wurden insgesamt am häufigsten gewählt und wiesen den stärksten statistischen Zusammenhang miteinander auf.[46] Markante Unterschiede zwischen den Werten traten hier nur selten auf – etwa bei Hitlers Aufstieg zum Reichskanzler, den 90 % der Befragten als folgenschweres Ereignis ansah, während hier die Auswirkungen des Ereignisses auf viele Menschen deutlich weniger ins Gewicht fiel. Als kausal und quantitativ besonders bedeutsam sahen die Befragten neben den Weltkriegen

---

46 Spearmans Rangkorrelationskoeffizient 0,68; Korrelation nach Pearson 0,69.

den Fall der Berliner Mauer und 9/11 an; als folgenreich für besonders viele Menschen galten der Börsenkrach 1929 und der Erfindung der Anti-Baby-Pille.

Als bedeutsam wegen ihrer identitätsstützenden Funktion wurden vor allem Daten der österreichischen Geschichte angesehen – selbst die Regierung Kreisky, welcher darüber hinaus keine besondere Bedeutung zugesprochen wurde. Allgemein fällt auf, dass staatsrechtliche Zäsuren der Österreichischen Geschichte („Anschluss", Wiederherstellung der Souveränität, EU-Beitritt) den Befragten bedeutungsvoller und lernwürdiger erschienen als geopolitisch markante Ereignisse wie der erste Atomwaffeneinsatz oder Mussolinis Marsch auf Rom, der überhaupt zu den vergleichsweise unbedeutenden Ereignissen gerechnet wird. Auch die Bedeutung des Wiener Justizpalastbrandes wurde im Schnitt höher eingeschätzt, als es die (summativ sehr niedrige) Zahl der Begründungen erwarten ließe. Die Favorisierung der eigenen Nationalgeschichte bei der Bedeutungszuschreibung im Rahmen der Identitätsbildung ist in diesen Beispielen offensichtlich. Zudem wurden zwei Ereignisse, die als Meilensteine auf dem Weg zu liberalen und menschenrechtlich orientierten Gesellschaften verstanden werden dürfen (der Mauerfall sowie der Marsch auf Washington), von drei von fünf Befragten wegen ihres identitätsbildenden Gehalts als bedeutsam eingestuft.

Als historisch besonders orientierend wurden neben weltkriegsrelevanten Ereignissen vor allem die Stationen der NS-Machtergreifung und -ausdehnung angesehen. Anzunehmen wäre in diesem Zusammenhang, dass die Befragten auch anderen illiberalen und totalitären Herrschaftsformen des 20. Jahrhunderts und ihrem Aufstieg besondere Lernwürdigkeit einräumen würden – indes überrascht, dass nicht einmal jeder fünfte Befragte in den Russischen Revolutionen Lehrreiches entdecken mochte und nur jeder dritte die Machtergreifung des italienischen Faschismus als besonders lehrreich betrachtete. Ansonsten wurden vor allem solche Ereignisse als bedeutsam in ihrer Orientierungsfunktion angesehen, die eine Werturteils-Positionierung nahelegen und an gegenwärtige gesellschaftspolitische Debatten anknüpfen (Apartheid, Marsch auf Washington, Atombombenabwürfe) oder aber auf die Bewältigung historischer Krisensituationen fokussierten (Black Friday, 9/11).

Zu diesen beiden Phasen wurde nun ein kontrastiver Vergleich zwischen ExpertInnen und NovizInnen hinzugefügt, indem der Fragebogen auch von vier an der Universität tätigen ZeithistorikerInnen[47] beantwortet wurde. Die ExpertInnen wiesen ähnlich viele Begründungen zu wie die Studierenden, differenzierten dabei jedoch insofern etwas stärker, als die Kriterien nun weniger stark korrelierten. Deutlich vor den anderen Kriterien wurde hier die Kausalität als Faktor herangezogen, wohingegen die Identitätsbildungsfunktion vergleichsweise nachrangig gehandhabt wurde.

---

47 Zwei der Befragten waren zum Untersuchungszeitpunkt im Fach habilitiert, zwei promoviert.

Bezüglich der Rangfolgen (siehe Tabelle 1) decken sich die Ergebnisse insofern, als auch hier die Weltkriege und der NS-Themenkomplex an der Tabellenspitze rangieren und die Mondlandung, die Regierung Kreisky oder die Erfindung der Anti-Baby-Pille als vergleichsweise wenig bedeutend erachtet werden. Daten der Österreichischen Geschichte erhielten allerdings nicht mehr denselben Stellenwert wie bei den Studierenden, während umgekehrt geopolitisch markante Ereignisse wie 9/11 und die Kuba-Krise aufgewertet wurden. Ereignisse mit starken Bezügen zu aktuellen gesellschaftspolitischen Debatten (Frauenwahlrecht, Apartheid, Bürgerrechtsbewegung) wurden hier als tendenziell weniger bedeutsam erachtet als bei den Studierenden. Vor allem fällt nun der hohe Stellenwert ins Auge, welcher den Russischen Revolutionen und dem Marsch auf Rom zugeschrieben wird – argumentiert primär durch ihre Konsequenzen sowie im Fall Mussolinis auch durch die Lehren, die man aus dem Ereignis ziehen kann. In beiden Gruppen streuen die vorgereihten Ereignisse nur gering, wohingegen die Varianz bei niedrig gereihten Ereignissen (z. B. Black Friday, SPÖ-Alleinregierung) etwas höher ausfiel.

In einem dritten Schritt sollten die Studierenden noch einschätzen, wie gut sie selbst SchülerInnen die genannten Ereignisse bei Bedarf in allen wesentlichen Aspekten (*Wann* ist das geschehen? *Was* ist passiert? *Wer* war vor allem beteiligt? *Wie* ist es geschehen? *Warum* ist es geschehen?) erklären könnten. Dieser Schritt wurde abschließend noch durch eine Überprüfung der zeitlichen Einordnungsfähigkeit ergänzt, bei der die Befragten zu den jeweiligen Ereignissen möglichst genau das Jahr bzw. den Zeitraum angeben sollten, in dem es sich ereignete – mit gewissen Toleranzbereichen.[48] In Tabelle 2 sind die Ergebnisse der beiden Schritte dargestellt. Ein starker statistischer Zusammenhang zwischen den Ergebnissen dieser beiden Schritte lässt auf eine weitgehend zutreffende Selbsteinschätzung jedenfalls bezüglich der chronologischen Einordnung der Ereignisse schließen. Auch korrelierte die Selbsteinschätzung mit der Bedeutungszuweisung zu den einzelnen Ereignissen, weshalb davon auszugehen ist, dass die Befragten historische Ereignisse wohl auch als desto bedeutsamer einschätzten, je geläufiger sie ihnen selbst waren.[49]

---

48 Für die Auswertung wurde ein Toleranzbereich von +/- einem Jahr bei geläufigen Jahreszahlen wie dem Jahr des „Anschlusses" (1937–39) und geläufigen Zeiträumen wie dem Ersten Weltkrieg (1913–1919) festgelegt; wenig geläufige Daten wie die Regierungsära Kreisky wurden um jeweils fünf Jahre gedehnt, bei als unbekannt anzunehmenden Daten wie z. B. der Erfindung der Antibabypille wurde das zugehörige Jahrzehnt als korrekt codiert.
49 Spearmans Rangkorrelationskoeffizient 0,86; Korrelation nach Pearson 0,87.

	„Könnte ich erklären" (1–4)	Anteil der korrekten zeitlichen Zuordnungen
Zweiter Weltkrieg	1,26	0,92
„Anschluss" Österreichs	1,5	0,74
Erster Weltkrieg	1,56	0,94
Hitler wird Reichskanzler	1,58	0,56
Fall der Berliner Mauer	1,66	0,8
Terroranschlag auf das WTC	1,96	0,92
EU-Beitritt Österreichs	2,08	0,68
Unterzeichnung d. Öst. Staatsvertrags	2,1	0,52
Atombomben auf Hiroshima u. Nagasaki	2,3	0,62
Frauenwahlrecht in Österreich	2,52	0,56
Justizpalastbrand in Wien	2,64	0,28
SPÖ-Alleinregierung unter Kreisky	2,8	0,1
Kuba-Krise	2,84	0,24
Börsenkrach in New York (Black Friday)	2,9	0,48
Erste Mondlandung	2,96	0,32
Russische Februar-/Oktoberrevolution	3	0,6
Marsch auf Rom (Mussolini)	3,06	0,24
Marsch auf Washington (Martin L. King)	3,14	0,14
Erfindung der Anti-Baby-Pille	3,28	0,14
Beginn der Apartheit in Südafrika	3,46	0,1

Tabelle 2: Selbsteinschätzung der Studierenden zur historischen Einordnungsfähigkeit der Ereignisse (Mittelwert) sowie Anteil jener, welche die Ereignisse zeitlich (im Toleranzbereich) korrekt einordnen konnten.

Zusammenfassend kann festgestellt werden, dass Studierende und ExpertInnen zu tendenziell ähnlichen Bedeutungsrangfolgen bei insgesamt niedrigen Streuungsraten gelangten. Dies legt nahe, dass im kollektiven Geschichtsbewusstsein fest verankerte Vorstellungen zur Bedeutung von zeitgeschichtlichen Ereignissen existieren, und impliziert im Weiteren, dass Geschichtsunterricht diese festgefügten Vorstellungen stärker bewusstmachen und so einer metakognitiven Reflexion zuführen sollte. Höher gereihte Ereignisse (insbesondere die Weltkriege und Ereignisse aus dem NS-Themenkreis) streuten auch innerhalb der beiden Gruppen sehr gering. Auch hinsichtlich der Begründungsfaktoren unterschieden sich die beiden Gruppen nicht grundlegend, allerdings tendierten die ExpertInnen – anders als dies etwa die Progressionslogik von Cercadillo nahelegen würde – stärker zu einer kausalen Bedeutungszuweisung, während für Studierende identitätsbildende Faktoren eine vergleichsweise größere Rolle spielten. Die Studierenden schrieben daher auch Geschehnissen der österreichischen

Geschichte und Ereignissen mit starkem Bezug zu aktuellen gesellschaftspolitischen Kontroversen einen tendenziell höheren Stellenwert zu als die professionellen HistorikerInnen, während letztere geopolitisch folgenschwere Ereignisse wie die Russischen Revolutionen und Mussolinis Marsch auf Rom deutlich höher gewichteten. Dies wiederum kann – mit Blick auf die zurückhaltende Selbsteinschätzung der Studierenden in diesen Punkten – nicht zuletzt mit den Unterschieden im historischen Hintergrundwissen zwischen den beiden Gruppen erklärt werden. Überhaupt zeigte sich bei den Studierenden ein Zusammenhang zwischen der Bedeutungszuschreibung an Ereignisse und dem eigenen Wissensstand darüber – warum sollte etwas wichtig sein, von dem man selbst noch kaum gehört hatte?

IV. Optionen der Verständnisschärfung

Das Konzept der „historischen Signifikanz" ermöglicht es, den Bildungswert historischer Inhalte besser zu begründen und gleichzeitig den SchülerInnen ein wissenschaftsnäheres Verständnis von Bedeutungszuschreibungen zu vermitteln. Die Beurteilung historischer Bedeutsamkeit ist dabei als kollaborativer Prozess zwischen Lehrenden und Lernenden zu verstehen, wobei die Lehrkraft stundenplanerisch zunächst eine Vorauswahl von Inhalten trifft und dann im Unterricht gemeinsam mit den SchülerInnen sinnvolle Vertiefungen, Schwerpunktsetzungen und Prüfungsstoffe diskutiert.

So können beispielsweise Unterrichtseinheiten durch problemorientierte historische Leitfragen strukturiert werden, die nach einer Bedeutungseinschätzung verlangen (z. B. „Die Kubakrise – wie nah stand die Welt am Abgrund?"), oder es wird am Ende einer Unterrichtseinheit über die zentralen Lernergebnisse diskutiert („Welche drei Ereignisse/Persönlichkeiten/Entwicklungen sollten Prüfungsstoff sein?"). Weitere methodische Strategien umfassen etwa den Bedeutungsvergleich zweier Ereignisse oder die Reflexion darüber, warum und wie sich Bedeutungszuschreibungen im Laufe der Zeit verändert haben.[50] Für ersteres eignen sich relative Rangfolgenmethoden, wie sie beispielsweise Seixas und Tom Morton skizzierten:
- Lernenden wird eine Liste jener Ereignisse/Persönlichkeiten/Entwicklungen vorgestellt, die in der kommenden Unterrichtssequenz behandelt werden sollen, und sie diskutieren auf Basis ihres Vorwissens eine Rangfolge der Daten

---

50 Vgl. Alison Kitson/Chris Husbands/Susan Steward, Teaching and Learning History 11–18. Understanding the past, Maidenhead 2011, 86–87.

– Im Anschluss an eine Unterrichtssequenz wird den Lernenden eine Liste mit Daten gegeben, die sie mittels der „Heissluftballonmethode" um jene reduzieren sollen, die ihnen weniger wichtig erscheinen; dabei können SchülerInnen als „Anwälte" einzelner Daten auftreten und ihre Bedeutsamkeit gegenüber der Klasse argumentieren[51]
– Lernende werden in die Rolle eines/einer SchulbuchautorIn versetzt, der/die gegenüber dem Verlag argumentieren muss, welche fünf Kerndaten aus welchen Gründen unbedingt in einem Schulbuchkapitel zum Thema behandelt werden sollten.[52]

Um die zeitliche Veränderung von Bedeutungszuschreibungen bewusst zu machen, können SchülerInnen beispielsweise diskutieren, welche historische Figuren in welchen Konjunkturen in der Populärkultur gewürdigt werden, oder in Form von „Aktienkursen" darstellen, wie die historische Bedeutung einzelner Persönlichkeiten (z. B. Ho Chi Minh) im Laufe der Zeit changiert.[53] Dass unterschiedliche Geschichtskulturen dieselben Daten für unterschiedlich bedeutungsvoll halten, zeigt sich wiederum etwa beim interkulturellen Vergleich von Zeitstrahlen und ähnlichen Lernhilfen.[54]

Steht im Unterricht die Arbeit mit Kriterien im Mittelpunkt, kann Bradshaws Verbildlichung des Konzepts als „Burger" von Nutzen sein: Die Basis bildet hier – gewissermaßen als fundierender „Burgerbun" – der Erwerb historischen Wissens; darauf folgen als „geheime Zutat" ein beliebiges Kriterienset wie GREAT oder die fünf „Rs"; die Anwendung der Kriterien durch die SchülerInnen stellt das metaphorische Laibchen dar, das Erkennen von Bedeutungszuschreibungen innerhalb von Erzählungen die Garnierung; der Burgerdeckel symbolisiert schließlich die Transferebene, auf der die SchülerInnen selbständig Kritik an den Kriterien üben und sie weiterentwickeln sollen.[55]

Praktische Hilfen für die kriteriengeleitete Arbeit finden sich etwa in einem Analyseschema für Quellen und Darstellungen des „Historical Thinking Project", bei dem die Lernenden die in den Dokumenten angesprochenen Ereignisse und Personen in ihrer Signifikanz nach den Big-6-Kriterien einschätzen sollen (In welcher Hinsicht ist dieses Ereignis oder diese Person historisch bedeutsam? Inwiefern erfüllt dieses Ereignis oder diese Person die Kriterien? Wie wurden die Menschen durch das Ereignis oder die Person beeinflusst? Wie viele Menschen waren davon betroffen? Wie lange hielten die Veränderungen an? Inwiefern er-

---

51 Vgl. Seixas/ Morton, The Big Six, 29–30.
52 Vgl. Ebd, 29.
53 Vgl. Bradshaw, Creating controversy, 20. Für das in Suchabfragen dokumentierte Interesse lässt sich beispielsweise Google Trends nutzen.
54 Vgl. Seixas/ Morton, The Big Six, 33.
55 Vgl. Bradshaw, Creating controversy, 24.

hellt dieses Ereignis oder diese Person dauerhafte oder neu aufkommende Themen der Geschichte oder des heutigen Lebens?)[56] Im Anschluss an die Analyse soll hier zudem überlegt werden, in welcher größeren Geschichte oder Auseinandersetzung das Ereignis bzw. die Person eine Rolle spielen könnte und wie sich seine/ihre historische Bedeutung im Laufe der Zeit verändern könnte.

Auch kreative Schreibmethoden, wie sie etwa Seixas und Morton für den Abschluss von Unterrichtssequenzen vorschlugen, können analytische und synthetisierende Operationen solcherart verbinden. Dabei nennt die Lehrkraft zunächst mehrere Themengebiete, die innerhalb der betreffenden Unterrichtssequenz relevant waren (z. B. Immigration, Wende, Kalter Krieg) und weist den Lernenden individuelle Fakten zu; die Lernenden überlegen nun, innerhalb welchen Themengebiets ihr Faktum besondere historische Bedeutung hatte. Zu den Themen bilden sich dadurch Gruppen, welche die Ereignisse/Persönlichkeiten/Entwicklungen dann wiederum zu sinnvollen Erzählungen verknüpfen sollen.[57]

Um Bedeutung nicht allein auf das politische Feld zu verengen, lassen sich Menschen mit großer Agency aus verschiedenen gesellschaftlichen Domänen – etwa Medizin (z. B. Archie Cochrane) oder TV-Kultur (z. B. Oprah Winfrey)[58] auf ihre Signifikanz hin untersuchen. Der Einfluss epochaler Ereignisse (z. B. Erster Weltkrieg) auf die Entwicklung verschiedener Gesellschaftsbereiche wie Demographie, Mobilität oder Geschlechterrollen kann ebenso beleuchtet werden wie die Rolle spezifischer Innovationen (z. B. Tampons, Kontrazeptiva).

Historisch signifikante Ereignisse und Entwicklungen lassen sich auch anhand von individuellen Schicksalen und Quellenbeständen erhellen, wie etwa das Beispiel Anne Frank zeigt.[59] Solche ikonisch gewordene Persönlichkeiten und Ereignisse, die fest in der Geschichtskultur verankert sind, können wiederum verdeutlichen, dass historische Signifikanz weit über bloße Kausalität hinausgeht. So lässt sich etwa die historische Signifikanz der ersten Mondlandung, welche die Studierenden in der mitgeteilten Studie als vergleichsweise gering eingeschätzt hatten, durch eine Recherche der Auswirkungen des Ereignisses auf die ZeitgenossInnen, auf Politik und Populärkultur besser einordnen – wie dies

---

56 Vgl. Historical Thinking Project / Center for the Study of Historical Consciousness (UBC), Template for Historical Significance, ohne Jahr. URL: https://historicalthinking.ca/historical-thinking-concept-templates.
57 Vgl. Seixas/ Morton, The Big Six, 35.
58 Zehnmal vom „Time Magazin" unter den „einflussreichsten Persönlichkeiten des 20. Jahrhunderts" gelistet.
59 Vgl. hierzu etwa Bradshaw, Creating controversy, 24 f.; S. G. Grant, It's Just the Facts, or Is It? The Relationship between Teachers' Practices and Students' Understanding of History, in: Theory and Research in Social Education 29 (2001) 1, 63–108.

Bradshaw zeigte, dessen SchülerInnen ebenfalls bei diesem Ereignis vorderhand keine Bedeutung beimessen wollten:

> „A quick study of the Internet helped students find a myriad websites claiming the moon landing was an elaborately concocted Hollywood conspiracy: surely even conspiracy theories prove an event is *remembered* as iconic across the world? This in itself *reveals* the impact of a newly enfranchised mass colour television audience on a major historical event. We have not yet even mentioned the effect it may (or may not) have had on the development of the Cold War. To scaffold with your less able students you could explore the continued currency of space exploration as a theme which fascinates children. This is epitomised by Buzz Lightyear in Toy Story and his catchphrase ‚To infinity, and beyond!' which imitates in style and ethos Neil Armstrong's famous words, and demonstrates the continued cultural *resonance* of this event."

V. Fazit

Die Zeitgeschichte stellt insbesondere für ältere SchülerInnen eine faszinierende Epoche dar. Die Frage, welche Ereignisse, Persönlichkeiten und Entwicklungen Teil der historischen Allgemeinbildung sein sollten, ist durch die Abkehr von stofforientierten Lehransätzen und kanonischen Vorgaben nicht leicht zu beantworten. Studierende wie auch Fachleute neigen allerdings zu weitgehend ähnlichen Bewertungen der Bedeutung zentraler Zeitgeschichtsereignisse, was auf gemeinsam geteilte geschichtskulturelle Erzählungen mit impliziten "kanonischen" Vorstellungen von Bedeutung hinweist.

Um die Auswahl des Lehrstoffs für Lehrkräfte und Lernende nachvollziehbarer und – unter fachlichen Gesichtspunkten – besser begründet zu gestalten, sollte der Geschichtsunterricht verstärkt das Konzept der historischen Signifikanz einbeziehen. Dieses Konzept ist in der anglophonen Geschichtsdidaktik theoretisch gut fundiert, empirisch validiert und pragmatisch ausgearbeitet worden. Dadurch können Schülerinnen und Schüler historische Reflexionsprozesse in Gang setzen, durch die sie historische Daten besser im Kontext verstehen, die Konstruktivität von Bedeutungszuschreibungen erkennen und ihr eigenes Verhältnis dazu reflektieren.

Andrea Brait

„Vergangenheitskunde" oder Holocaust-Education? Einblicke in die Themenauswahl im österreichischen Geschichtsunterricht der Sekundarstufe II zum Thema „Nationalsozialismus und Holocaust" über Geschichtshefte bzw. -mappen[1]

1. Ausgangssituation

Was in der Schule gelehrt und gelernt werden soll, legen Staaten in Lehrplänen fest.[2] Die Ausgestaltung von diesen ist jedoch sehr unterschiedlich – sowohl im Zeitverlauf als auch aktuell finden sich gleichermaßen sehr konkrete und sehr offen gehaltene Vorgaben. Im Geschichtsunterricht betrifft dies auch die Nennung von zu behandelnden Themen. Wiewohl zu berücksichtigen ist, dass nicht alle Lehrkräfte den staatlichen Vorgaben die gleiche Bedeutung beimessen[3] und diese gleich gut kennen,[4] stellen Lehrpläne eine wesentliche Grundlage für die Auswahl der inhaltlichen Aspekte dar, anhand derer historisch gelernt werden soll.

Unter Berücksichtigung der in der Geschichtsdidaktik konsensfähigen Grundannahme, dass „Themen Ergebnisse eines Konstruktionsprozesses" sind, ist es Ulrich Baumgärtner zufolge entscheidend, dass „in einem fachdidaktischen Reflexionsprozess die verschiedenen für das historische Lernen relevanten Aspekte berücksichtigt werden, um das Lernpotential für die Schülerinnen und Schüler auszuloten."[5] Die Frage, auf welcher Basis dieser erfolgen soll, ist jedoch überaus umstritten: hierbei können Konzepte aus den Geschichtswissenschaf-

---

1 Die nachfolgende Analyse entstand im Rahmen des Projekts „Nationalsozialismus und Holocaust im österreichischen Geschichtsunterricht der Sekundarstufe II (AHS-Oberstufe und BHS)", gefördert vom Zukunftsfonds der Republik Österreich (P22–4681).
2 Vgl. Bernd Schönemann, Lehrpläne, Richtlinien, Bildungsstandards. Zwischen Disziplin und Distanz: Zum Umgang mit Lehrplänen, in: Marko Demantowsky/Saskia Handro/Meik Zülsdorf-Kersting/Bernd Schönemann (Hg.), Bausteine einer Geschichtsdidaktik. Bernd Schönemann zum 60. Geburtstag, Schwalbach/Ts. 2014, 113–130, 119–122. In Österreich gelten die Lehrpläne für das ganze Bundesgebiet.
3 Vgl. ebd., 113.
4 Vgl. Andrea Brait, „Die Schüler brauchen mehr Struktur". Eine Lehrplanreform aus der Sicht von Lehrkräften, in: Thomas Hellmuth/Christine Ottner-Diesenberger/Alexander Preisinger (Hg.), Was heißt subjektorientierte Geschichtsdidaktik? Beiträge zur Theorie, Empirie und Pragmatik, Frankfurt am Main 2021, 138–152.
5 Ulrich Baumgärtner, Wegweiser Geschichtsdidaktik. Historisches Lernen in der Schule, Paderborn 2019, 96.

ten, gesellschaftliche Problemstellungen oder auch die Interessen bzw. Orientierungsbedürfnisse der Lernenden eine Rolle spielen.[6] Die Auswahl von historischen Inhalten für den Geschichtsunterricht gehört daher zweifelsohne, wie Bernd Schönemann es auf den Punkt bringt, zu den „Kernproblemen der Geschichtsdidaktik", denn mit „der Inhaltsauswahl entscheiden [...] die Unterrichtenden vor Ort ganz maßgeblich darüber, welchen Komplexitätsgrad die historische Sachbegegnung erreicht oder – anders formuliert – was von der großen Welt der Geschichte übrig bleibt".[7]

Trotz des fachinternen Diskurses ist festzustellen, dass die Behandlung oder Nicht-Behandlung der meisten historischen Themen sowie die Art und Weise des Unterrichts zu diesen kaum je zum Gegenstand eines breiteren gesellschaftlichen Diskurses wurde – wenn überhaupt, dann wird anlassbezogen debattiert.[8] Insbesondere wenn ein neuer Lehrplan wesentliche Änderungen zum vorherigen festschreibt, wird darüber diskutiert „was aus welchen Gründen im Geschichtsunterricht vermittelt werden soll".[9] In Bezug auf den Unterricht zum Themenkomplex „Nationalsozialismus und Holocaust"[10] ist jedoch im Gegensatz zu den allermeisten anderen Themen der Weltgeschichte ein – unter anderem von aktuellen Entwicklungen geprägter – immer wieder zum Ausdruck gebrachter gesellschaftspolitischer Anspruch zu berücksichtigen: Vor dem Hintergrund einer stetigen Zunahme an antisemitischen Vorfällen,[11] Rassismen und rechts-

---

6 Vgl. Markus Drüding, Auf den Spuren eines Kanons für das Fach Geschichte. Erkundungen zur Inhaltsauswahl in aktuellen Richtlinien und Lehrplänen, in: Zeitschrift für Geschichtsdidaktik 20 (2021) 1, 50–68, 52 f.
7 Bernd Schönemann, Auswahl, in: Ulrich Mayer/Hans-Jürgen Pandel/Gerhard Schneider/Bernd Schönemann (Hg.), Wörterbuch Geschichtsdidaktik, Frankfurt am Main 2022, 33–34, 33.
8 Vgl. Michael Sauer, Once again: Curricula, URL: https://public-history-weekly.degruyter.com/3-2015-16/once-again-curricula/ (abgerufen 10. 5. 2024).
9 Thomas Sandkühler, Geschichtsunterricht im Widerstreit: Ein Blick in Presse und Onlinemedien, URL: http://lernen-aus-der-geschichte.de/Lernen-und-Lehren/content/13731 (abgerufen 10. 5. 2024). In Österreich wurde beispielsweise in den Medien im Zusammenhang mit der Reform des Lehrplans für die Sekundarstufe I, in dem mehr globalgeschichtliche Themen als bislang berücksichtigt wurden, über den Stellenwert der österreichischen Geschichte im Geschichtsunterricht diskutiert. Vgl. Andrea Brait, Österreichische Geschichte im Geschichtsunterricht, in: Österreich in Geschichte und Literatur (mit Geographie) 66 (2022) 4, 304–310.
10 Kühberger betont, dass die „sich nicht abkühlende Geschichte [...] dazu in der Lage ist, starke Emotionen hervorzurufen und die österreichische Tagespolitik zu irritieren [...]. Diese ist dazu imstande, Diskussionen zu anderen Abschnitten der Zeitgeschichte zu überflügeln, wenn nicht sogar – bezogen auf den Geschichtsunterricht – zu verdrängen bzw. zu marginalisieren." Christoph Kühberger, Zeitgeschichte und Geschichtsunterricht, in: Marcus Gräser/ Dirk Rupnow (Hg.), Österreichische Zeitgeschichte – Zeitgeschichte in Österreich. Eine Standortbestimmung in Zeiten des Umbruchs, Wien/Köln/Weimar 2021, 759–782, 775.
11 Vgl. u. a. Israelitische Kultusgemeinde Wien, Antisemitische Vorfälle 2022 in Österreich, Wien 2023. Nach dem Terrorangriff auf Israel am 7. Oktober 2023 und dem darauffolgenden

extremistischen Bewegungen[12] wird insbesondere betont, dass der Geschichtsunterricht in diesem Kontext eine „Bastion gegen das Vergessen und für das Lernen aus der Vergangenheit für die Zukunft"[13] sei. Daraus ergibt sich eine gewisse Erwartung an eine an gegenwärtigen gesellschaftlichen Herausforderungen orientierte Ausrichtung des Geschichtsunterrichts zum Themenkomplex „Nationalsozialismus und Holocaust", die ohnehin durch die Fächerkombination mit Politischer Bildung[14] grundgelegt ist, und die Auswahl der zu behandelnden inhaltlichen Aspekte. So wurde etwa im Regierungsprogramm für die Jahre 2020–2024 ein Schwerpunkt auf „der Bildungsarbeit gegen Antisemitismus und Rassismus in allen Schultypen" anvisiert.[15]

Dieser Ansatz entspricht dem einer Holocaust Education, die „im Schnittfeld historischer und politischer schulischer und außerschulischer Bildung" liegt.[16] Zwar ist anzumerken, dass es verschiedene Zugänge gibt und der Begriff „has indeed long been problematic, suffering from the ailments of insufficient conceptualisation, lack of clarity, and imprecision,"[17] doch wird in der Regel darunter ein Zugang verstanden, der sich „inhaltlich der Vermittlung der nationalsozialistischen Verbrechen gegen die Menschlichkeit widmet und diese in eine übergeordnete Dimension, z. B. der Menschenrechtsbildung, einmünden lässt".[18] Der Begriff ermöglicht die Verbindung zweier Diskursstränge: „einerseits die Vermittlung eines historischen Wissens über den NS-Massenmord […],

---

Krieg in Gaza kam es zu einer weiteren massiven Zunahme antisemitischer Vorfälle. Vgl. Dokumentationsarchiv des österreichischen Widerstandes, Gazakrieg und „Graue Wölfe", URL: https://www.doew.at/erkennen/rechtsextremismus/neues-von-ganz-rechts/archiv/dezember-2023/gazakrieg-und-graue-woelfe (abgerufen 9. 3. 2024).

12 Vgl. u. a. Colette M. Schmidt, Rekordhoch bei rechtsextremen Straftaten in Österreich, URL: https://www.derstandard.at/story/3000000211225/rekordhoch-bei-rechtsextremen-straftaten-in-oesterreich (abgerufen 11. 5. 2024).
13 Philipp Mittnik/Georg Lauss/Sabine Hofmann-Reiter, Generation des Vergessens? Deklaratives Wissen von Schüler*innen über Nationalsozialismus, Holocaust und den Zweiten Weltkrieg, Frankfurt am Main 2021, 13.
14 Vgl. u. a. Andrea Brait, Teaching History in Subject Combinations. The Example of Austria: History and Social Studies/Civic Education, in: Nadine Fink/Markus Furrer/Peter Gautschi (Hg.), Why History Education?, Frankfurt am Main 2023, 340–354.
15 Bundeskanzleramt Österreich, Aus Verantwortung für Österreich. Regierungsprogramm 2020–2024, URL: https://www.bundeskanzleramt.gv.at/dam/jcr:7b9e6755-2115-440c-b2ec-cbf64a931aa8/RegProgramm-lang.pdf (abgerufen 20. 4. 2024).
16 Christina Isabel Brüning, Holocaust Education in der heterogenen Gesellschaft. Eine Studie zum Einsatz videographierter Zeugnisse von Überlebenden der nationalsozialistischen Genozide im Unterricht (Wochenschau Wissenschaft), Frankfurt am Main 2018, 71.
17 Andy Pearce, Challenges, issues and controversies. The shapes of ‚Holocaust education' in the early twenty-first century, in: Stuart Foster/Andy Pearce/Alice Pettigrew (Hg.), Holocaust Education. Contemporary challenges and controversies, London 2020, 1–27, 7.
18 René Mounajed, „Holocaust-Education" und Menschenrechtserziehung im Geschichtsunterricht, in: Michele Barricelli/Martin Lücke (Hg.), Handbuch Praxis des Geschichtsunterrichts. Band 2, Schwalbach/Ts. 2012, 263–289, hier 264.

andererseits die eines ethisch fundierten Handlungsimperativs."[19] Erwartet wird vielfach „eine Moral- und Werteerziehung, die gegen Rassismus, Rechtsextremismus, Antisemitismus, Fremdenfeindlichkeit und vieles mehr immunisieren soll".[20] Allerdings werden auch Zweifel angemeldet, ob eine „Wertebildung am extremen Negativbeispiel überhaupt Erfolgsaussichten hat".[21] Außerdem wird kritisch angemerkt, dass „das eigentliche Geschehen immer weiter in den Hintergrund" gedrängt wird.[22]

Für den österreichischen Diskurs wesentlich ist die 1998 aufgrund einer schwedischen Initiative gegründete Task Force for International Cooperation on Holocaust Education, Remembrance and Research (ITF),[23] seit 2013 International Holocaust Remembrance Alliance (IHRA). Österreich ist seit 2001 Mitglied.[24] In ihren „Empfehlungen für das Lehren und Lernen über den Holocaust" wird betont, dass für den Unterricht so viel Zeit einzuplanen ist, dass die Lernenden befähigt werden

> „auf die folgenden Fragen nicht nur oberflächliche, sondern aussagekräftige Antworten zu geben:
> – Welches waren die historischen Voraussetzungen und die entscheidenden Schritte im Verlauf dieses Völkermords?
> – Weshalb wurden Menschen zu Täterinnen und Tätern oder Mitwirkenden bei diesen Verbrechen und wie beteiligten sie sich?
> – Wie reagierten Jüdinnen und Juden auf die Verfolgung und die Massenmorde?
> – Warum und wie konnten einige Menschen diesen Verbrechen Widerstand entgegensetzen?"[25]

---

19 Michael Hollogschwandtner, Holocaust Education – ein Nebenjob? Zu den Rahmenbedingungen der außerschulischen Erziehung nach/über Auschwitz in Österreich, Wien 2021, 12f.
20 Juliane Wetzel, Holocaust-Erziehung, URL: https://www.bpb.de/themen/erinnerung/geschichte-und-erinnerung/39843/holocaust-erziehung/ (abgerufen 20.4.2024).
21 Oliver Plessow, Länderübergreifende „Holocaust Education" als Demokratie- und Menschenrechtsbildung? Transnationale Initiativen im Vergleich, in: Zeitschrift für Geschichtsdidaktik 11 (2012) 1, 11–30, 27.
22 Wetzel, Holocaust-Erziehung.
23 Zur Gründung siehe u. a. Jens Kroh, Erinnerungskultureller Akteur und geschichtspolitisches Netzwerk. Die „Task Force for International Cooperation on Holocaust Education, Remembrance and Research", in: Jan Eckel/Claudia Moisel (Hg.), Universalisierung des Holocaust? Erinnerungskultur und Geschichtspolitik in internationaler Perspektive (Beiträge zur Geschichte des Nationalsozialismus 24), Göttingen 2008, 156–173.
24 Vgl. IHRA, Austria, URL: https://holocaustremembrance.com/countries/austria (abgerufen 20.4.2024).
25 International Holocaust Remembrance Alliance (IHRA), Empfehlungen für das Lehren und Lernen über den Holocaust, URL: https://www.erinnern.at/media/8f2b1262e04347e5a7c83844bb3e2a69/empfehlungen-fuer-das-lehren-und-lernen-ueber-den-holocaust-ein-ihra-handbuch.pdf/@@download/file/%E2%80%9EEmpfehlungen%20f%C3%BCr%20das%20Lehren%20und%20Lernen%20%C3%BCber%20den%20Holocaust%E2%80%9C%20%E2%80%93%20Ein%20IHRA-Handbuch.pdf (abgerufen 9.3.2024).

Unter den zahlreichen Empfehlungen finden sich 14 Schlagwörter zu „zentralen historischen Inhalten", die berücksichtigt werden sollen, gegliedert in die vier Bereiche „Vorstufe", „Aufstieg des Nationalsozialismus", „Zweiter Weltkrieg" sowie „Nachwirkungen in der Nachkriegszeit". Genannt werden unter anderen „Reaktionen der deutschen Gesellschaft auf den Nationalsozialismus vor und nach der Machtübernahme". Nicht angeführt wird hingegen die Perspektive der an NS-Verbrechen Beteiligten, womit die IHRA (ebenso wie andere Organisationen) das Dilemma umgeht, „dass im Sinne einer multiperspektivischen Herangehensweise analog auch die Tätersicht nachvollzogen werden müsste, eine Identifikation mit den Schergen der Massenvernichtung aber unzumutbar ist."[26]

Im Gegensatz zur konkreten und umfangreichen Auflistung von historischen Inhalten sind die aktuell gültigen österreichischen Lehrpläne teilweise recht knapp und unspezifisch gehalten. Für den Geschichtsunterricht ist traditionell ein „zweimaliger Durchlauf" vorgesehen, was bedeutet, dass grundsätzlich sowohl in der Sekundarstufe I als auch in den meisten Schultypen der Sekundarstufe II die Behandlung historischer Entwicklungen von der Antike bis zur Gegenwart erfolgen soll.[27] Zwar wurden die Lehrpläne aller Schultypen in den letzten Jahren reformiert und die traditionelle Chronologie in der Sekundarstufe I bis zu einem gewissen Grad aufgebrochen,[28] doch finden sich nach wie vor viele inhaltliche Aspekte sowohl in dieser als auch in der Sekundarstufe II. Dies betrifft auch den Themenkomplex „Nationalsozialismus und Holocaust". In den zur Matura und damit zur Universitätsreife führenden Schulformen – Oberstufe der Allgemeinbildenden Höheren Schulen (AHS)[29] sowie Berufsbildende Höhere Schulen (BHS)[30] –, die von 67,89 % aller Lernenden einer Sekundarstufe II besucht werden,[31] kann die thematische Auswahl der Lehrkräfte somit darauf beruhen, dass ein gewisses Faktenwissen[32] bereits behandelt worden sein müsste.[33]

---

26 Plessow, Länderübergreifende „Holocaust Education", 28.
27 Vgl. Reinhard Krammer/Elfriede Windischbauer, Zurück an den Start? Überlegungen zum zweimaligen Durchlauf der Geschichte an österreichischen Schulen, in: Historische Sozialkunde (2011) 1, 18–23, 18.
28 Vgl. Brait, Österreichische Geschichte im Geschichtsunterricht.
29 Diese umfasst vier Jahrgänge (9. bis 12. Schulstufe).
30 Diese umfasst fünf Jahrgänge (9. bis 13. Schulstufe). Es gibt auch die Möglichkeit, zuerst eine Berufsbildende Mittlere Schule (BMS) und anschließend einen Aufbaulehrgang zu besuchen, womit in insgesamt sechs Jahrgängen ebenso eine Matura abgelegt werden kann. Diese wird in der vorliegenden Studie aber nicht berücksichtigt.
31 Vgl. Statistik Austria, Schulstatistik; Schüler:innen ab 2006, URL: https://statcube.at/statistik.at/ext/statcube/jsf/tableView/tableView.xhtml (abgerufen 21.3.2024).
32 Vgl. Christoph Kühberger, Konzeptionelles Wissen als besondere Grundlage des historischen Lernens, in: Christoph Kühberger (Hg.), Historisches Wissen. Geschichtsdidaktische Erkundung zu Art, Tiefe und Umfang für das historische Lernen, Schwalbach/Ts. 2012, 33–74, 35.
33 Für die hier vorliegende Untersuchung basiert dies auf den Lehrplänen von 2008 und 2016. Im Lehrplan von 2008 hieß es sehr allgemein lediglich: „der Nationalsozialismus, Holocaust,

Die Lehrpläne dieser Schultypen ermöglichen durch ihre offenen Formulierungen eine recht individuelle Auswahl von inhaltlichen Aspekten durch die Lehrkräfte. Für die AHS ist für die 11. Schulstufe des Gegenstandes „Geschichte und Sozialkunde/Politische Bildung" vorgegeben: „nationalsozialistisches System und Holocaust; Erinnerungskulturen im Umgang mit dem Holocaust".[34] Für die Handelsakademien (HAK) – um ein Beispiel für eine der vielfältigen BHS herauszugreifen – ist für die 12. Schulstufe des Gegenstandes „Politische Bildung und Geschichte (Wirtschafts- und Sozialgeschichte)" als „Lehrstoff" festgeschrieben: „Eskalation politischer Auseinandersetzungen: Krieg, Bürgerkrieg und Genozid, der Mensch im Krieg, Holocaust".[35] Als Hilfestellung für die Lehrkräfte sind in den Lehrplänen noch Hinweise auf didaktische Prinzipien zu finden. So heißt es etwa im Lehrplan der HAK: „Einen besonderen Stellenwert hat dabei der Aufbau eines umfassenden Demokratieverständnisses einzunehmen."[36] Im Lehrplan der AHS wird erklärt: „Durch die Auseinandersetzung mit Feldern wie Autorität und Macht, privat und öffentlich, Gemeinwohl und Gerechtigkeit, Krieg und Frieden, Diktatur und Demokratie usw. soll ein wichtiger Beitrag zur Erziehung zu Demokratie und Rechtsstaatlichkeit geleistet werden."[37]

Neben den Fachlehrplänen sind für die konkrete Festlegung der Unterrichtsthemen von staatlicher Seite in Österreich noch die sogenannten „Unter-

---

Erinnerungskulturen". Änderung der Verordnungen über die Lehrpläne der Volksschule, der Sonderschulen, der Hauptschulen und der allgemein bildenden höheren Schulen (BGBl. II 290/2008). Im (auslaufenden) Lehrplan von 2016 ist – ähnlich wie in jenem von 2023 – ein Modul dem Thema „Holocaust/Shoah, Genozid und Menschenrechte" gewidmet, in dem vorgesehen waren: „Die Vernichtungspolitik im Nationalsozialismus (Opfergruppen; industrieller Massenmord; Euthanasie) analysieren und deren historisch-politische Bedeutung für Österreich bis in die Gegenwart beurteilen", „Erfahrungen von Opfern, Täterinnen und Tätern und Mitläufern analysieren und vergleichen". Ebenso fanden sich im Modul „Faschismus – Nationalsozialismus – politische Diktaturen" die thematischen Konkretisierungen „Ausgewählte Aspekte faschistischer bzw. diktatorischer Systeme in Europa des 20. Jahrhunderts vergleichen und Strukturmerkmale herausarbeiten (,Ständestaat/Austrofaschismus', italienischer Faschismus, Nationalsozialismus, Stalinismus, DDR)", „Grundlagen, Voraussetzungen und Auswirkungen des Nationalsozialismus in Österreich analysieren" sowie „Historische Alltagswelten in Demokratie und Diktatur vergleichen". Änderung der Verordnung über die Lehrpläne der Hauptschulen, der Verordnung über die Lehrpläne der Neuen Mittelschulen sowie der Verordnung über die Lehrpläne der allgemein bildenden höheren Schulen (BGBl. II 113/2016).

34 Änderung der Verordnung über die Lehrpläne der allgemein bildenden höheren Schulen; Änderung der Bekanntmachung der Lehrpläne für den Religionsunterricht an diesen Schulen (BGBl. II 219/2016).
35 Verordnung des Bundesministers für Unterricht und Kunst über die Lehrpläne für die Handelsakademie und die Handelsschule; Bekanntmachung der Lehrpläne für den Religionsunterricht (BGBl. 895/1994 idF BGBl. II 191/2020).
36 Ebd.
37 Lehrplan AHS-Oberstufe 2016 (BGBl. II 219/2016).

richtsprinzipien und Bildungsanliegen" relevant,[38] die „bedeutsame individuelle bzw. gesellschaftliche Aufgaben und Anliegen im Blickpunkt haben"[39], wovon im Zusammenhang mit dem Themenkomplex „Nationalsozialismus und Holocaust" insbesondere der Grundsatzerlass Politische Bildung von zentraler Bedeutung ist. In diesem ist – ganz im Sinne einer Holocaust Education – festgehalten, dass „die Überwindung von Vorurteilen, Stereotypen, Rassismus, Fremdenfeindlichkeit und Antisemitismus sowie von Sexismus und Homophobie [...] besonders anzustreben" ist.[40]

Wie nützen österreichische Geschichtslehrkräfte den laut den Lehrplänen zur Verfügung stehenden großen Spielraum in Bezug auf den Themenkomplex „Nationalsozialismus und Holocaust" und inwiefern orientieren sie sich an einer Holocaust Education? Mit der folgenden Analyse wird ein – wenngleich begrenzter – Beitrag zur Beantwortung dieser Frage angestrebt. Konkret wird untersucht, welche thematische Auswahl zum Themenkomplex „Nationalsozialismus und Holocaust" sich auf der Basis von im Rahmen des Unterrichts entstehenden Geschichteheften/-mappen aus der Sekundarstufe II aus den letzten zehn Jahren rekonstruieren lassen und inwiefern sich auf Basis dieser Hinweise auf einen Geschichtsunterricht im Sinne des Unterrichtsprinzips Politische Bildung sowie einer Holocaust Education, der einen Beitrag zur Demokratiebildung leistet, finden lassen.

2. Forschungsansatz und Methodik

2.1 Forschungsstand

Der Themenkomplex „Nationalsozialismus und Holocaust" im österreichischen Geschichtsunterricht zählt zu den vergleichsweise gut beforschten – insbesondere in Bezug auf die Lehrpläne und Schulbücher liegen mehrere Untersuchungen vor,[41] wenngleich sich die meisten auf die Sekundarstufe I konzentrie-

---

38 Vgl. Bundesministerium für Bildung, Wissenschaft und Forschung, Überfachliche Kompetenzen, URL: https://www.bmbwf.gv.at/Themen/schule/schulpraxis/uek.html (abgerufen 10.5.2024).
39 Hubert Weiglhofer, Die Kompetenzenlandkarte für Unterrichtsprinzipien und Bildungsanliegen, URL: https://www.bmbwf.gv.at/dam/jcr:a3f968fb-0cac-4fcc-b4ca-a4a7d67845b1/kl_weiglhofer_25649.pdf (abgerufen 10.5.2024).
40 Bundesministerium für Unterricht und Kunst, Unterrichtsprinzip Politische Bildung, Grundsatzerlass 2015. GZ 33.466/0029-I/6/2015, URL: https://rundschreiben.bmbwf.gv.at/rundschreiben/?id=700 (abgerufen 10.5.2024).
41 Vgl. Heinz P. Wassermann, Verfälschte Geschichte im Unterricht. Nationalsozialismus und Österreich nach 1945, Innsbruck/Wien/München/Bozen 2004; Ina Markova, Wie Vergangenheit neu erzählt wird. Der Umgang mit der NS-Zeit in österreichischen Schulbüchern,

ren. Hinsichtlich der konkreten Ausgestaltung des Unterrichts kann auf eine quantitative Befragung unter Lehrkräften in Salzburg (n = 25) verwiesen werden, derzufolge die Themenkomplexe Ideologie/Rassismus, Antisemitismus/Holocaust sowie die Alltagsgeschichte die größte Aufmerksamkeit erfahren.[42] In einer in Tirol durchgeführten Untersuchung wurde auf der Basis von qualitativen Interviews mit fünf Lehrpersonen und einer Analyse von deren Unterrichtsmaterialien während des ersten COVID-19-Lockdowns festgestellt, dass sich der Unterricht stark auf die Gruppe der jüdischen Opfer konzentrierte und chronologisch geordnete Fakten gegenüber den in den Lehrplänen verankerten Kompetenzen dominierten.[43] Wiewohl diese und auch andere Studien zum Geschichtsunterricht in Österreich gezeigt haben, welch große Bedeutung dem Faktenwissen beigemessen wird,[44] beschreiben Philipp Mittnik, Georg Lauss und Sabine Hoffmann-Reiter auf Basis ihrer Fragebogenstudie unter Jugendlichen eine „Generation des Vergessens". Neben zahlreichen mangelhaften Kenntnissen, etwa in Bezug auf Personen, Ereignisse, Opferzahlen und Institutionen, wurde festgestellt, dass die kollektive Verantwortung Österreichs nur teilweise anerkannt wird.[45]

Marburg 2014; Robert Krotzer, Langes Schweigen. Der NS-Faschismus in österreichischen Schulbüchern, Wien 2015; Philipp Mittnik, Holocaust Studies in Austrian Elementary and Scondary Schools, in: Global Education Review 2 (2016) 3, 138–152; Philipp Mittnik, Nationalsozialismus im Schulbuch. Geschichtsdidaktische Zugänge in deutschen, österreichischen und englischen Lehrwerken der Sekundarstufe I, in: Christoph Bramann/Christoph Kühberger/Roland Bernhard (Hg.), Historisch Denken lernen mit Schulbüchern, Frankfurt am Main 2018, 111–135; Nikolaus Eigler/Christoph Kühberger, Zur kompetenzorientierten Einbindung von Bildern in Geschichtsschulbüchern. Eine geschichtsdidaktisch kategoriale Erschließung am Beispiel des Themenbereiches Nationalsozialismus und Holocaust, in: Christoph Bramann/Christoph Kühberger/Roland Bernhard (Hg.), Historisch Denken lernen mit Schulbüchern, Frankfurt am Main 2018, 160–180; Wolfgang Bilewicz, Erinnerungskultur im Geschichtsunterricht in Bayern und Österreich am Beispiel des Holocaust. Von der Stunde Null bis ins 21. Jahrhundert (Pädagogik 35), München 2021; Claudia Rauchegger-Fischer/David Hasenauer/Philipp Mittnik, Von der nationalsozialistischen Herrschaft in die Zweite Republik, in: Sara Brom/Werner Dreier/Eleonore Lappin-Eppel/Falk Pingel/Amos Raban (Hg.), Die Darstellung von Juden, Judentum und Israel in österreichischen Schulbüchern sowie von Österreich in israelischen Schulbüchern. Bilaterales Schulbuchkomitee: Analysen und Empfehlungen für Geschichte und Geografie, Wien 2022, 79–115.
42 Vgl. Christoph Kühberger/Herbert Neureiter, Zum Umgang mit Nationalsozialismus, Holocaust und Erinnerungskultur. Eine quantitative Untersuchung bei Lernenden und Lehrenden an Salzburger Schulen aus geschichtsdidaktischer Perspektive, Schwalbach/Ts. 2017, 86 f.
43 Vgl. Raphaela Lanser, „Holocaust" als Thema des Geschichtsunterrichts im COVID-19-Lockdown, Innsbruck 2021.
44 Vgl. Roland Bernhard, Geschichte für das Leben lernen. Der Bildungswert des Faches in den Überzeugungen österreichischer Lehrkräfte, Frankfurt am Main 2022, 110–118.
45 Vgl. Mittnik/Lauss/Hofmann-Reiter, Generation des Vergessens?

Darüber hinaus sind Erkenntnisse der empirischen Sozialforschung relevant, die u. a. deutlich zeigen, welche Nachwirkungen der viele Jahre auch in Schulbüchern tradierte Opfermythos[46] hat: Im Jahr 2021 stimmten 26 % der Befragten einer repräsentativen Studie (n = 4.574) der Aussage (voll und ganz oder überwiegend) zu, dass Österreich das erste Opfer des Nationalsozialismus gewesen sei; 36 % vertraten die Ansicht, dass die „Diskussion um den Holocaust beendet" werden sollte.[47] Auch Holocaust-Leugnung ist verbreitet, wie eine repräsentative Umfrage (n = 2.000) aus dem Jahr 2022 zeigt: 11 % stimmten der Aussage zu: „In den Berichten über Konzentrationslager und Judenverfolgung im Zweiten Weltkrieg wird vieles übertrieben dargestellt." Bei den unter 25-Jährigen lag dieser Wert sogar bei 16 %.[48]

2.2 Geschichtehefte/-mappen

Wenn über Unterrichtsmedien gesprochen wird, dann bezieht sich die geschichtsdidaktische Forschung bislang hauptsächlich auf Schulbücher.[49] Für die Sekundarstufe II in Österreich konnte jedoch bereits empirisch nachgewiesen werden, dass Arbeitsblätter und Handouts noch häufiger zum Einsatz kommen[50] und daher für eine umfassende Erforschung des Geschichtsunterrichts ein wesentliches, bislang kaum beachtetes Element darstellen. Diese werden traditionell in Geschichteheften/-mappen (in der Folge summarisch als „Mappen" bezeichnet) gesammelt. Dazu kommen oft Mitschriften (handschriftlich oder elektronisch), längere Ausarbeitungen (z. B. Portfolios), Unterlagen von Referaten,

---

46 Vgl. Andrea Brait, Vortrag „Der Opfermythos in österreichischen Geschichtslehrwerken" im Rahmen der Tagung „Österreich und die Moskauer Erklärung vom 30. Oktober 1943", Wien, 30. Oktober 2023.
47 Vgl. Flooh Perlot/Marc Grimm/Christina Hainzl/Ingruber, Daniela/Juen, Isabella/Viktoria Nutz/Patricia Oberluggauer, Demokratieradar. Welle 7 – Autoritarismus und Corona. Datensatz. Version 1.0, Krems/Graz 2021.
48 Evelyn Dawid/Eva Zeglovits, Antisemitismus 2022. Gesamtergebnisse | Langbericht, URL: https://www.parlament.gv.at/dokument/fachinfos/publikationen/Langbericht-Antisemitismus-2022-Oesterreichweite-Ergebnisse.pdf (abgerufen 8. 3. 2024).
49 So konzentriert sich etwa der Überblickstext zur Erforschung von Unterrichtsmedien auf Schulbücher: Christoph Bramann/Christoph Kühberger, Methoden zur Erforschung von Unterrichtsmedien, in: Georg Weißeno/Béatrice Ziegler (Hg.), Handbuch Geschichts- und Politikdidaktik, Wiesbaden 2022, 489–501. Der Sammelband „Die Komplexität des kompetenzorientierten Geschichtsunterrichts" bietet in Kapitel „III. Unterrichtsmedien" zwei Artikel zu Schulbüchern. Vgl. Christine Pflüger (Hg.), Die Komplexität des kompetenzorientierten Geschichtsunterrichts. Aktuelle geschichtsdidaktische Forschungen (Beihefte zur Zeitschrift für Geschichtsdidaktik 19), Göttingen 2019.
50 Vgl. Andrea Brait, Orientierungsbedürfnis oder (historisches) Interesse. Umriss eines Desiderats aus theoretischer und empirischer Perspektive, in: Sebastian Barsch/Martin Nitsche/Jörg van Norden/Lale Yildirim (Hg.), Geschichtsdidaktisch forschen [erscheint 2025].

Materialien von Lehrausgängen und auch Tests. Von einer Sortierung nach Themen- oder Kompetenzbereichen (abgesehen von Umgruppierungen nach den Themenbereichen für die Matura), wie dies Anna-Katharina Nolte[51] und Michael Sauer[52] empfehlen, ist in der Regel nicht auszugehen. Es handelt sich somit um einen überaus heterogenen Datensatz, der zeigt, was Lernende neben den staatlich approbierten Schulbüchern an Unterlagen aus dem Geschichtsunterricht „mitnehmen", und so eine neue Perspektive auf den Geschichtsunterricht ermöglicht.

Im Rahmen des Projekts „Nationalsozialismus und Holocaust im österreichischen Geschichtsunterricht der Sekundarstufe II (AHS-Oberstufe und BHS)" wurden im Zeitraum November 2022 bis Jänner 2024 (aus pragmatischen Gründen vorwiegend unter Studierenden im Tiroler Raum) 53 Mappen inkl. Begleitdaten gesammelt;[53] dieser Datensatz umfasst insgesamt 6.684 Seiten. Die Datenerhebung[54] wurde begrenzt zurückreichend bis zum Maturajahrgang 2018, womit nur jener Geschichtsunterricht zum Themenkomplex „Nationalsozialismus und Holocaust" nach Einführung der standardisierten kompetenzorientierten Reife- und Diplomprüfung berücksichtigt wurde.[55] Wiewohl der Datensatz selbstverständlich keine Repräsentativität beanspruchen und nur einen ersten Einblick in die Potentiale dieses Blickwinkels auf den Geschichtsunterricht bieten kann, zeigt er eine gewisse Bandbreite sowie Trends auf, deren Verteilung mit einem größeren Sample weiter untersucht werden müsste.

Zu berücksichtigen sind hierbei verschiedene Limitationen: Zunächst ist zu betonen, dass durch diese der Geschichtsunterricht nicht vollständig, sondern nur teilweise dokumentiert wird, selbst wenn eine Mappe alle Unterlagen enthält, die im Laufe des Unterrichts entstanden sind, wovon aber nicht in allen Fällen auszugehen ist; inwiefern auch mit dem Schulbuch oder anderen Medien (z. B. Präsentationen) gearbeitet wurde bzw. Inhalte von der Lehrperson frei vorgetragen wurden, ist in den Mappen nicht (durchgängig) dokumentiert. Außerdem ist die Autorenschaft der verschiedenen Unterlagen nicht immer eindeutig

---

51 Vgl. Anna-Katharina Nolte, „Wo finde ich noch einmal …?". Geschichtsmappen kompetenzorientiert anlegen, in: Geschichte lernen (2021) 193, 46–50.
52 Michael Sauer, Geschichte unterrichten. Eine Einführung in die Didaktik und Methodik, Seelze-Velber 2015, 285–287.
53 In den meisten Fällen erfolge ein Scan und eine anschließende Rückgabe, in einigen Fällen wurde die Mappe dem Forschungsteam dauerhaft übergeben.
54 Vgl. zum konkreten Vorgehen genauer: Andrea Brait, „Antisemitismus" im österreichischen Geschichtsunterricht der Sekundarstufe II. Einblicke über Geschichtshefte bzw. -mappen, in: Martin Nitsche/Julia Thyroff/Monika Waldis (Hg.), Geschichtslernen in Zeiten der Krise [erscheint 2025].
55 Vgl. Christian Pichler, Geschichtsmatura. Eine empirische Untersuchung zum kompetenzorientierten Prüfungsmodus (Österreichische Beiträge zur Geschichtsdidaktik. Geschichte – Sozialkunde – Politische Bildung 14), Innsbruck/Wien 2020.

festzustellen und kann daher nicht in die Analyse einbezogen werden. Ebenso ist nur teilweise zu bestimmen, inwiefern die (gesamten) Mappen von den Lehrpersonen in irgendeiner Form mit Feedback versehen wurden. Letztlich sei betont, dass es sich um keine repräsentative Stichprobe handelt. Anzunehmen ist insbesondere, dass jene Personen ihre Mappen zur Verfügung stellten, die diese sorgsam geführt haben.

2.3 Datenauswertung

Die Auswertung der Daten erfolgte mit der inhaltlich strukturierenden qualitativen Inhaltsanalyse[56] mit Hilfe des Programms MAXQDA, in das anonymisierte Scans der Mappen importiert wurden. Nach einer groben Sichtung aller Mappen wurden zunächst jene Seiten identifiziert, auf denen im weitesten Sinne der Themenkomplex „Nationalsozialismus und Holocaust" behandelt wird;[57] nicht erfasst wurden hierbei Stellen, in denen der Verlauf des Zweiten Weltkriegs (Schlachten etc.) im Zentrum steht.[58] Die identifizierten Stellen wurden zunächst konsensual im Projektteam paraphrasiert und anschließend teilweise deduktiv, teilweise induktiv codiert, wobei die folgenden Hauptcodes definiert wurden:
- Politische Geschichte
- Ideologie und Propaganda
- Opfergruppen
- Orte von NS-Verbrechen
- Bevölkerungsgruppen
- Widerstand
- Täterschaft
- nach 1945

2.4 Begleiterhebung

Alle Personen, die ihre Mappe der Forschung überließen, füllten (handschriftlich) einen kurzen Fragebogen aus, mit dem einige Zusatzinformationen zu den Mappen gewonnen werden sollten. Er enthielt 42 Items (fünf Item-Batterien: Geschichtsinteresse, Interessantheit des Geschichtsunterrichts, Interesse am

---

56 Vgl. Udo Kuckartz/Stefan Rädiker, Qualitative Inhaltsanalyse. Methoden, Praxis, Computerunterstützung, Weinheim/Basel 2022, 129–156.
57 Bereits zuvor wurden für eine Publikation jene Stellen identifiziert, in denen konkret auf Antisemitismus eingegangen wird (im Kontext des Nationalsozialismus sowie unabhängig davon). Zu den diesbezüglichen Analyseergebnissen vgl. Brait, „Antisemitismus".
58 Der militärische Widerstand wurde als Form des Widerstands erfasst.

Themenkomplex „Nationalsozialismus und Holocaust", Medieneinsatz im Geschichtsunterricht, Ausrichtung des Unterrichts zum Themenkomplex „Nationalsozialismus und Holocaust"; zwei alleinstehende Items betreffend NS-Gedenkstättenbesuch sowie Ausführlichkeit der Behandlung des Themas „Nationalsozialismus und Holocaust"; fünf statistische Items: Maturajahr, Bundesland der Matura, Schultyp, Vollständigkeit der Mappe, geschätzte Berufserfahrung der damaligen Geschichtslehrkraft). Zum Einsatz kamen sechsstufige, endpunktbenannte Likert-Skalen mit den Ankerpunkten „sehr" und „gar nicht" bzw. „(fast) jede Stunde" und „(fast) nie",[59] sodass von den Befragten zumindest eine Tendenzentscheidung vorgenommen werden musste.[60] Die Auswertung erfolgte mithilfe der Statistik-Software SPSS. In der Folge werden nur die Ergebnisse jener Items vorgestellt, die für die nachfolgende qualitative Analyse der Mappen relevant sind.

3. Zentrale Ergebnisse

3.1 Begleiterhebung

Aus den Fragebögen ergibt sich, dass 67,9 % der Personen, die eine Mappe zur Verfügung stellten, an einer AHS maturierten, 32,1 % an einer BHS. Da das Sample, wie oben beschrieben, hauptsächlich aus Studierenden besteht, ist dieses Ergebnis nicht überraschend, zumal mehr Personen nach einer AHS-Matura ein Studium antreten.[61] 90,6 % der Befragten maturierten in Tirol oder Vorarlberg, der Rest (5 Personen) in anderen Bundesländern, was sich aus der Konzentration der Datenerhebung im Tiroler Raum ergibt. Mehr als die Hälfte (52,8 %) der Befragten maturierte in den Jahren 2022 und 2023, der Rest verteilt sich auf die Jahre 2018 bis 2021. Fast zwei Drittel (64,2 %) schätzten die Berufserfahrung der damaligen Geschichtslehrkraft auf „21 Jahre und länger" ein. Gefragt nach der Vollständigkeit der Mappe positionierten sich 86,8 % im Spannungsfeld von vollständig bis lückenhaft im oberen Drittel (M = 1,58, SD = 0,99) – ein wenig überraschendes Ergebnis, zumal ja explizit nach Mappen gesucht wurde und sich davon wohl kaum Personen angesprochen fühlten, die wussten, dass sie keine (annähernd) vollständigen Unterlagen besitzen. Zusammenfassend ist also festzustellen, dass die zusammengetragenen Mappen mehrheitlich aus AHS-Klassen aus dem Westen Österreichs stammen, die in den letzten Jahren unter

---

59 Vgl. Rolf Porst, Fragebogen. Ein Arbeitsbuch, Wiesbaden 2014, 82–87.
60 Vgl. Natalja Menold/Kathrin Bogner, Gestaltung von Ratingskalen in Fragebögen, in: SDM Survey Guidelines (2015).
61 Statistik Austria, Bildung in Zahlen. Tabellenband, URL: https://www.statistik.at/fileadmin/publications/BIZ_2020-21_Tabellenband.pdf (abgerufen 4.3.2023), 65.

der Anleitung von erfahrenen Lehrkräften entstanden und als recht vollständige Sammlungen zu verstehen sind.

Hinsichtlich der Einschätzung des Geschichtsunterrichts zum Themenkomplex „Nationalsozialismus und Holocaust" zeigt die Befragung, dass diesem viel Raum gegeben wird. Gefragt danach, ob dieser im Geschichtsunterricht länger oder kürzer als andere Themen behandelt wurde, positionierten sich 66,0 % der Befragten bei (eher) länger, 26,5 % belegten die mittleren beiden Kategorien (M = 2,34, SD = 1,18). Nur eine Person wählte den Extremwert „kürzer als andere Themen". Der Aussage, dass das Thema zu ausführlich behandelt worden sei, stimmten jedoch nur 13,2 % der Befragten (sehr) zu, 64,1 % lehnten diese (sehr) ab (M = 4,60, SD = 1,54).

Hinsichtlich der Bedeutung von Arbeitsblättern und Handouts im Geschichtsunterricht der Befragten ist festzustellen, dass 45,3 % den Extremwert wählten, also angaben, dass (fast) jede Stunde mit Handouts und Arbeitsblättern gearbeitet wurde. Insgesamt ist von einer weiten Verbreitung dieses Unterrichtsmediums auszugehen (M = 2,08, SD = 1,37): Nur 3,8 % gaben an, dass Arbeitsblätter und Handouts (fast) nie zum Einsatz kamen. Die Verbreitung von Handouts und Arbeitsblättern mag im Geschichtsunterricht der Befragten jedoch höher sein als im österreichischen Geschichtsunterricht insgesamt, zumal vermutlich Personen, die in ihrem Geschichtsunterricht keine oder wenige Arbeitsblätter bzw. Handouts erhalten haben, auch kaum eine Mappe für die Forschung zur Verfügung stellen können.

3.2 Rekonstruktion der Themenauswahl auf Basis der Mappen[62]

Bei der Suche nach Mappen wurde bewusst nach solchen zu Jahrgängen gesucht, in denen der Themenkomplex „Nationalsozialismus und Holocaust" unterrichtet wurde. Mit dieser Formulierung sollte einerseits das Dilemma umgangen werden, dass dieser in den verschiedenen BHS-Lehrplänen in unterschiedlichen Jahrgängen verankert ist und andererseits sollten auch Mappen zu einem Unterricht erfasst werden, in denen der Themenkomplex in einem anderen Jahrgang behandelt wurde als im Lehrplan vorgesehen. Die Vermutung, dass in AHS dieser teilweise verspätet unterrichtet wird, sollte sich bestätigen: Wiewohl der Themenkomplex „Nationalsozialismus und Holocaust" nach dem Lehrplan von 2016 für das Kompetenzmodul 5 (5. Semester) in der 7. Klasse (11. Schulstufe)

---

62 Die in der Folge eingefügten Zitate aus den Mappen wurden sprachlich nicht verändert. Auf die Kennzeichnung von Schreibfehlern wurde verzichtet.

von AHS vorgesehen ist (also im ersten Semester der 11. Schulstufe),[63] finden sich in den Mappen Belege dafür, dass dieser teilweise erst in der 8. Klasse (12. Schulstufe) behandelt wurde.[64] Im – dem Lehrplan entsprechenden – chronologisch orientierten Unterricht hat diese verspätete Behandlung vor allem Auswirkungen auf die Thematisierung der Zeit nach 1945, die ab Kompetenzmodul 6 (6. Semester) vorgesehen ist. Für die 8. Klasse sind laut Lehrplan „[w]esentliche Transformationsprozesse im 20. und 21. Jahrhundert und grundlegende Einsichten in das Politische"[65] zu behandeln.

In Bezug auf die in den Mappen feststellbare Themenauswahl sei zunächst festgehalten, dass der von Reinhard Krammer und Elfriede Windischbauer 2011 konstatierte „Bedeutungsverlust der politischen Ereignisgeschichte"[66] nicht bestätigt werden kann. Von zwei Mappen abgesehen werden in allen Datensätzen eines oder mehrere der folgenden Ereignisse und Entwicklungen thematisiert:
- Aufstieg des Nationalsozialismus und die Machtergreifung in Deutschland: in 40 Mappen
- Weg zum „Anschluss" (1934–1938): in 33 Mappen
- „Anschluss": in 32 Mappen
- Chronologischer Überblick über die NS-Judenverfolgung und den Holocaust: in 32 Mappen
- Novemberpogrome[67]: in 33 Mappen
- Wannsee-Konferenz: in 22 Mappen

Ebenso im Bereich der Politischen Geschichte angesiedelt ist die in 27 Mappen festzustellende Thematisierung der Organisationsstruktur der NS-Herrschaft, inklusive Erklärungen u. a. zur Sturmabteilung (SA) und Schutzstaffel (SS). Neben Erklärungen in Textform finden sich auch Schaubilder, wie beispielsweise in 51M. Unter dem Titel „Der Weg des ‚gleichgeschalteten' Bürgers" finden sich getrennt nach Frauen und Männern diverse NS-Verbände, angefangen von „Jungvolk" und Jungmädel" bis „Ersatz-Landwehr" und „NS-Frauenschaft". Gleichsam politikgeschichtlich ausgerichtet sind Mitschriften, Arbeitsblätter

---

63 Personen, die vor dem Jahr 2020 maturierten, wurden nach dem Lehrplan von 2004 (BGBl. II Nr. 277/2004) unterrichtet. In diesem war das Thema „nationalsozialistisches System und Holocaust (Entwicklung; Österreich im Dritten Reich; Widerstands- und Freiheitsbewegungen)" ebenfalls in der 7. Klasse (11. Schulstufe) vorgesehen.
64 Beispielsweise finden sich in der Mappe 16M zur 8. Klasse (12. Schulstufe), laut Begleiterhebung in einer AHS entstanden, zunächst die Themen „Spanischer Bürgerkrieg" und „Erste Republik" (die Person maturierte laut Fragebogen im Jahr 2021, wurde also jedenfalls nach dem Lehrplan von 2016 unterrichtet).
65 Lehrplan AHS-Oberstufe 2016 (BGBl. II 219/2016).
66 Krammer/Windischbauer, Zurück an den Start?, 19.
67 Hierzu sei angemerkt, dass in 13 Mappen der NS-Begriff „Reichskristallnacht" verwendet wurde. In 3M wurde der Begriff beispielsweise in einem Lückentext eingesetzt.

bzw. Handouts zur Wirtschaftspolitik (in zwölf Mappen) und zum Themenkomplex Kulturpolitik (in sechs Mappen), wozu beispielsweise in 34M erklärt wird, dass die sogenannte „entartete Kunst" abgelehnt und verboten wurde, im Gegensatz zur sogenannten „Blut- und Bodenkunst", die im Sinne der NS-Ideologie gefördert wurde.

In 37 Mappen finden sich konkrete Ausführungen zur NS-Ideologie. In 50M werden etwa als fünf Säulen von dieser genannt und jeweils mit wenigen Stichworten erläutert: „Rassismus", „Antisemitismus", „Lebensraum (im Osten)", „Volksgemeinschaften" sowie „Führerprinzip". In 28M heißt es zum Themenkomplex einleitend:

> „nicht von Nazis ‚erfunden', Zusammensetzung aus verschiedenen früheren Strömungen, Ansichten und Bewegungen
> Nazis übernahm diese, fügten sie zusammen, radikalisierten sie = Leitfaden für ihr Regime".

Hinweise auf die Behandlung des Themas NS-Propaganda finden sich in 22 Mappen. In einem Infoblatt in der Mappe 9M wird hierzu beispielsweise festgehalten:

> – „Auch Filme spielten eine große Rolle (Propagandafilme mit Helden)
>   – Auch Spielfilme (Arier, der sehr sportlich ist inklusive Verbindung zur Heimat)
> – Gegenpole: keine vorhanden
> – Zensur: Literatur stark betroffen ⇨ auf Deutsch nur die Schweiz als Arbeitsplatz
> – möglich (schwierig, weil viele verpasst haben zu gehen oder die Schweiz schon die Grenzen verschlossen hat; Schweizer Literaturmarkt zu klein) ⇨ deutscher Sprachraum kulturell zurückgeblieben"

Von einer Mappe abgesehen wird in allen auf die Verfolgung von und den Massenmord an den vom NS-Regime als jüdisch eingestuften Personen eingegangen. In 8M sind zwar keine Belege zum Unterricht zum Thema Holocaust zu finden, doch wird ausführlich auf die NS-Ideologie inkl. Verweisen auf deren Grundlagen eingegangen – so heißt es auf einem Infoblatt beispielsweise: „Antisemitismus und ‚Judenhass', völkischer Nationalismus und Großdeutschtum, Militarismus und Kriegsverherrlichung wurden in wissenschaftlichen Kreisen offen diskutiert und unterstützt". Auf die sogenannten NS-„Euthanasie"-Morde wird in 16 Mappen Bezug genommen, in zwölf auf die Opfergruppe der Roma und Sinti und in acht auf die Opfer von Zwangsarbeit. Die Eintragungen in den Mappen sind dabei hinsichtlich ihrer Ausführlichkeit sehr unterschiedlich. Beispielsweise findet sich in 16M ein ganzseitiges Infoblatt mit dem Titel „Tötung ‚unwerten Lebens'". Sehr knapp gehalten hingegen heißt es in 39M:

„'Porjamos'

– Verfolgung v. Roma und Sinti durch NS-Regime
– nach jüdischen Verfolgung die größte Opfergruppe des NS-Regimes (etwa halbe Million)".

In insgesamt 14 Mappen wird auf individuelle Erfahrungen von Opfern des NS-Regimes eingegangen, womit dem geschichtsdidaktischen Prinzip der Personifizierung Rechnung getragen wird.[68] In zwölf Mappen hiervon wird (mindestens) ein jüdisches Einzelschicksal vorgestellt, in drei wird (mindestens) ein Opfer der „Euthanasie"-Morde vorgestellt, in zwei (mindestens) ein Opfer von Zwangsarbeit und in einer ein individuelles Verfolgungsschicksal aus der Opfergruppe der Roma und Sinti.

In 34 Mappen wird auf Orte von NS-Verbrechen eingegangen. Am häufigsten (nämlich in 14 Mappen) wird das KZ Mauthausen thematisiert, in zehn Mappen werden Ghettos angesprochen, in acht das Vernichtungslager Auschwitz, ebenso in acht die Tötungsanstalt Hartheim und in drei das KZ Dachau. In vier Mappen fällt ein regionaler Bezug auf, in dem das Lager Reichenau behandelt wird. In drei Mappen finden sich hierzu sehr ausführliche Informationen, während in 17M auf einem Handout mit dem Titel „Österreich zur Zeit des Nationalsozialismus" lediglich festgehalten wurde: „Lager Reichenau: von August 1941 bis Sommer 1942: Auffanglager für italienische Zivilarbeiter". Hierbei irritiert die Tatsache, dass die Geschichte des Lagers ab Sommer 1942, als es zu einem Arbeitserziehungslager umfunktioniert wurde und folglich unter der Führung der Gestapo stand, ausgeblendet wurde. Außerdem ist nicht nachvollziehbar, dass diese kurzen Informationen unter der Überschrift „Konzentrationslager in Österreich" zu finden sind.

Von den vom NS-Regime nicht (grundsätzlich) verfolgten bzw. von der Propaganda adressierten Bevölkerungsteilen wird einerseits besonders auf Frauen bzw. das NS-Frauenbild eingegangen (in 16 Mappen) sowie andererseits auf Kinder und Jugendliche (in 18 Mappen). Beispielsweise finden sich in 14M zwei kurze Auszüge aus wissenschaftlichen Werken (wobei es sich bei ersterem um einen Quellenauszug handelt, der jedoch nicht aus solcher gekennzeichnet ist)[69] und darunter der – inhaltsorientierte – Arbeitsauftrag: „Nenne und erkläre die

---

68 Vgl. u. a. Klaus Bergmann, Personalisierung, Personifizierung, in: Klaus Bergmann/Klaus Fröhlich/Annette Kuhn/Jörn Rüsen/Gerhard Schneider (Hg.), Handbuch der Geschichtsdidaktik, Wolfenbüttel 1997, 298–300.
69 Das Zitat findet sich online mit der gleichen Herkunftsangabe: Jugend und Schule, URL: https://www.erinnern.at/media/fe1e651f8dd5f5f407d8c915250345ef/quellen-zu-jugend-und-schule-doc/@@download/file/Quellen%20zu%20Jugend%20und%20Schule.doc (abgerufen 26.5.2024). Es entstammt ursprünglich dem Werk „Gespräche mit Hitler": Hermann Rauschning, Gespräche mit Hitler, Zürich/New York 1940, 237.

Erziehungsziele, die Hitler verfolgte." Hierzu wurden in der Mappe 21M handschriftlich die folgenden Stichworte festgehalten: „keine Schwachen, starke, gewalttätige, herrische & unerschrockene, grausame Jugend, athletische Jugend, stark & schön". Eine kritische Auseinandersetzung mit der – wörtlich aus der Quelle übernommenen – Propagandasprache findet sich in 21M nicht.

Der Themenkomplex Widerstand konnte in 37 Mappen in irgendeiner Form nachgewiesen werden. Hierzu findet sich in vielen Fällen ein Überblick über verschiedene Formen des Widerstandes. In einem Test, der als wissensorientiert bzw. kaum kompetenzorientiert einzustufen ist, in 35M wird dies beispielsweise abgefragt: „Nenne und erkläre fünf verschiedene Formen des Widerstands gegen das nationalsozialistische Regime in Österreich." Hierzu wurde ausgeführt (und mit 10 Punkten bewertet)[70]:

> „1) Arbeiterbewegung: sozialistische und kommunistische (hauptsächlich Wien)
> 2) Aufstand der Partisanen: eine der einzigen bewaffneten Widerstände
> 3) Kath. Kirche: war nicht aktiv beteiligt, lehnte aber Werte des NS-Regimes ab
> 4) Oberparteilicher Widerstand: sprich als Gruppe O5
> 5) Zeugen Jehovas: lehnten NS-Regime strikt ab"

Von konkreten Widerstandsaktionen bzw. -gruppen sind in den Mappen am häufigsten die Weiße Rose (in 26 Mappen), die Operation Walküre (in 15 Mappen) sowie die Gruppe O5 (in sechs Mappen) zu nennen. In drei Mappen wird auf die Wehrdienstverweigerung durch Franz Jägerstätter eingegangen, auf Desertation als Form des Widerstands wird ebenfalls in drei Mappen verwiesen. Die Angaben zum Ausmaß des Widerstandes in den Mappen sind teilweise nicht nachvollziehbar. So sind in einer Mitschrift in 45M „60.000 Widerstands-Tote aus Ö" angegeben, wobei unklar bleibt, welche Gruppen hierzu gerechnet werden.[71] Aus der Auflistung der vielfältigen Formen des Widerstandes in den Mappen ergibt sich ebenso eine gewisse Gefahr der Überbewertung. Dass der Widerstand gegen das NS-Regime „ein extremes Minderheitenprogramm"[72] war, wie Stephan Roth bilanziert, und die Befreiung Österreichs ausschließlich den alliierten

---

70 Ein Punkteschema ist auf diesem Test nicht abgedruckt. Aufgrund der Bewertung mit „Sehr Gut" und 16 Punkten (10 für Aufgabe 1, 3 jeweils für Aufgabe 2 und 3) ist anzunehmen, dass die Antwort die volle Punktezahl erbracht hat.
71 Rund 2700 Personen wurden aufgrund ihrer Beteiligung am Widerstand zum Tode verurteilt und hingerichtet. Unter den 32.000 in KZ-, Gefängnis- oder Gestapo-Haft Umgekommenen befanden sich sowohl Personen, die rein präventiv aufgrund ihrer politischen Einstellungen eingesperrt wurden, als auch solche, die widerständische Aktivitäten gesetzt hatten. Vgl. Wolfgang Neugebauer, Widerstand und Opposition, in: Emmerich Tálos/Ernst Hanisch/Wolfgang Neugebauer/Reinhard Sieder (Hg.), NS-Herrschaft in Österreich. Ein Handbuch, Wien 2000, 187–212, 207.
72 Florian Wörgötter, Dokumentationsarchiv: „Österreich war kein Volk des Widerstandskampfes", URL: https://journal.hoelzel.at/doew-widerstand-in-der-ns-zeit/ (abgerufen 18.5.2024).

Streitkräften zu verdanken ist, wie Wolfgang Neugebauer betont,[73] wird in diesen Ausführungen nur sehr selten deutlich; gleiches gilt für die spätere politische Bedeutung des österreichischen Widerstands im Rahmen der Verhandlungen für einen Staatsvertrag[74] sowie die geringe Wertschätzung des Widerstandes in der Zweiten Republik.[75]

Für „den Versuch diese Vergangenheit zu verstehen [ist es] von essentieller Bedeutung, sich mit den Tätern und Täterinnen auseinanderzusetzen"[76], wie Johannes Breit und Lukas Meissel betonen. Im Datensatz kann in 22 Mappen die Behandlung von an NS-Verbrechen beteiligten Personen nachgewiesen werden, wobei eine eindeutige Fokussierung auf Hitler festzustellen ist, auf den in 16 Mappen eingegangen wird. Diese kommt etwa in Formulierungen wie „Die Machtergreifung Hitlers" (47M) zum Ausdruck sowie in umfangreichen Ausführungen zu seiner Biographie (1M). In jenen neun Mappen, in denen (auch) auf andere Beteiligte an NS-Verbrechen eingegangen wird, werden ausschließlich Männer thematisiert, die Spitzenfunktionen im NS-Staat innehatten (Heinrich Himmler, Hermann Göring etc.) und/oder zu den in Nürnberg Angeklagten gehörten, wobei Arthur Seyß-Inquart – trotz seiner immensen Bedeutung im Kontext des Endes der Ersten Republik – nur in einer Mappe (17M) thematisiert wird. Zwar werden in allen Fällen die Funktionen der Personen genannt und teilweise deren Verbrechen, doch wie sie überhaupt zu Tätern wurden, wird nicht thematisiert. Ebenso bleiben die große Gruppe der Mitwirkenden sowie die verschiedenen Formen der Beteiligung an NS-Verbrechen völlig unberücksichtigt.

Hinweise auf die Thematisierung der Zeit nach 1945 und der langfristigen Folgen des Nationalsozialismus finden sich in weniger Mappen als die historischen Ereignisse bzw. Entwicklungen im Kontext der NS-Herrschaft. In 17 Mappen wird auf die sogenannten Nürnberger Prozesse eingegangen, in 18 Mappen auf die sogenannte „Entnazifizierung". Meist wird hierbei auf wesentliche Gesetze, wie das Verbotsgesetz und das Nationalsozialistengesetz, sowie die Gerichtsbarkeit eingegangen; allerdings wird in keinem Fall erwähnt, dass viele der ursprünglich verhängten Strafen später abgemildert oder ausgesetzt wurden; ebenso unerwähnt bleibt, wie sich zahlreiche Personen innerhalb

---

73 Vgl. Neugebauer, Widerstand, 207.
74 Vgl. Gerald Stourzh/Wolfgang Mueller, Der Kampf um den Staatsvertrag 1945–1955. Ost-West-Besetzung, Staatsvertrag und Neutralität Österreichs (Studien zu Politik und Verwaltung 62), Wien/Köln/Weimar 2020, 22–34.
75 Vgl. Isabella Riedl, Österreichischer Widerstand gegen den Nationalsozialismus, in: Verein Gedenkdienst (Hg.), Orienterungen, Irritationen. Studienfahrten an Erinnerungsorte der NS-Verbrechen (Geschichte des Holocaust 9), Wien/Zürich 2021, 83–93, 91 f.
76 Johannes Breit/Johannes Meissel, TäterInnenschaft, in: Verein Gedenkdienst (Hg.), Orienterungen, Irritationen. Studienfahrten an Erinnerungsorte der NS-Verbrechen (Geschichte des Holocaust 9), Wien/Zürich 2021, 95–101, 101.

weniger Jahre rehabilitieren konnten. Beispielhaft erwähnt sei diesbezüglich die folgende Mitschrift (20M) unter der Überschrift „Entnazifizierung":

- „Kriegsverbrechergesetz: alle ehemaligen Nationalsozialisten mussten
- sich registrieren lassen
- je nach Einstufung gab es Konsequenzen (Entlassung, nicht wahlberechtigt)
- endete 1948 mit Amnestie für alle Minderbelasteten
im Bewusstsein vieler Menschen fand keine Entnazifizierung statt, weil
- ‚kleine' stärker bestraft als ‚große Täter'
- viele nur ‚Mitläufer' – ungerecht behandelt".[77]

Hinweise auf den Opfermythos finden sich in 18 Mappen. Allerdings sind darunter auch Seiten, auf denen dieser nicht konkret benannt wird. So heißt es etwa in einer Mitschrift in 46M: „Kanzler Franz Vranitzky Rede 1991: Erstmals sprach ein Regierungsvertreter offiziell die Täterrolle Österreichs im 2. Weltkrieg an". Damit wird zwar auf das Ende der Tradierung des Opfermythos durch das offizielle Österreich verwiesen, doch bleibt dessen Konstruktion und gesellschaftspolitische Bedeutung nach 1945 unerwähnt. Im Gegensatz dazu wird etwa auf einem Handout in 2M festgehalten: „ExpertInnen sagen, dass Österreich seit dem Beginn der Zweiten Republik immer wieder seine ‚Opferrolle' betont und die Beteiligung seiner BürgerInnen verschwiegen habe. Man spricht in diesem Zusammenhang von einem ‚Opfermythos'." Eine Weitertradierung des Opfermythos ist in keiner Mappe festzustellen.

Dass die Änderung in der Haltung des offiziellen Österreich wesentlich durch die Debatte um die Kriegsvergangenheit von Kurt Waldheim beeinflusst wurde, wird in acht Mappen deutlich. Beispielsweise findet sich in 31M ein auf einen digital verfügbaren Bericht des Nachrichtenmagazins „Profil" bezogener Arbeitsauftrag: „Wer war Kurt Waldheim? Worin bestand die ‚Affäre'?" Eine Lösung zu diesem bietet die Mappe nicht.

Schließlich wird in 14 Mappen auf die Erinnerungskultur zum Themenkomplex „Nationalsozialismus und Holocaust" eingegangen, in sieben Mappen finden sich konkrete Hinweise auf Gedenkstättenbesuche, womit nur ein Teil der tatsächlich stattgefundenen in den Mappen dokumentiert wurde, zumal in der Begleiterhebung 31 Personen (58,5 %) angaben, in der Sekundarstufe II eine solche besucht zu haben.[78] In 7M findet sich etwa eine zweiseitige Reflexion zu einem Besuch der Gedenkstätten von Hartheim und Mauthausen, in der unter

---

77 Ein Feedback der Lehrkraft zu diesem Hefteintrag findet sich nicht, was zur Problematik führt, dass die Stichworte verschiedentlich ausgelegt werden können. Insbesondere die letzte Aussage könnte zu einer wissenschaftlich nicht haltbaren Interpretation führen.
78 Die Diskrepanz kann eventuell darauf zurückzuführen sein, dass derartige Lehrausgänge nicht immer in einem direkten Kontext mit dem Geschichtsunterricht stattfinden (z. B. von Klassenvorständen organisiert werden).

anderen die Unsicherheit über ein angemessenes Verhalten in Gaskammern zum Ausdruck kommt:

> „Ich habe mich einfach gefragt, was das hier eigentlich sollte. Was machten wir hier? Einer Sache war ich mir sicher: Wir wussten es nicht. Niemand von uns wusste es. Denn keiner von uns war dabei. Dieser Boden gehört und nicht. Oder? Was hätten die Menschen von damals gewollt? Dass wir uns auf den Boden des Geschehens niederknien und beten? Oder dass wir ihn wie in einem Museum betrachten?"

Letztlich sei noch erwähnt, dass in 13 Mappen auf rechtes Gedankengut in der Gegenwart eingegangen wird (wobei jedoch etwaige Kapitel zur Parteienlandschaft in Österreich bei der Auswertung nicht berücksichtigt wurden). In den meisten Fällen wird allerdings keine direkte Verbindung zur NS-Zeit hergestellt. Eine Ausnahme stellt ein Arbeitsauftrag in 17M dar. Die Lernenden erhielten dazu einen Zeitungsbericht mit dem Titel „Aufstand der Flüchtlinge im Polizei-Quartier" (ohne Quellenangabe) und Reaktionen in Sozialen Medien zu diesem, die teilweise eindeutig als rassistisch und/oder antisemitisch zu klassifizieren sind. Die Lernenden waren aufgefordert, eine kurze Antwort zu einem der Postings zu formulieren. Das in der Mappe dokumentierte Antwort-Posting zeigt deutlich, dass der historische Bezug erkannt und im Sinne der österreichischen Rechtsordnung auch eingeordnet werden konnte.

4. Fazit

Betrachtet man die auf Basis der Mappen rekonstruierbare thematische Auswahl, dann zeigt sich zunächst, dass keine Spezifika für einen Geschichtsunterricht in der Sekundarstufe II auszumachen sind. Die Themenkomplexe entsprechen weitgehend jenen, die im Lehrplan für die Sekundarstufe I gefordert werden, womit davon auszugehen ist, dass der doppelte Durchlauf in weiten Teilen zu einer Wiederholung von inhaltlichen Aspekten führt, wenngleich sicherlich davon auszugehen ist, dass einzelne Orte von NS-Verbrechen oder individuelle Erfahrungen von Opfern des NS-Regimes für die Lernenden noch unbekannt waren. Festzustellen ist insbesondere die Hervorhebung politischer Entwicklungen bzw. Ereignisse, während die Schicksale, Handlungen und Entscheidungen einzelner Personen deutlich im Hintergrund stehen.

Zudem zeigt die thematische Auswahl klar, dass der in den vorliegenden 53 Mappen dokumentierte österreichische Geschichtsunterricht dem Ansatz einer Holocaust Education – verstanden als „Vermittlung von Wissen über die Shoah sowie von Werten, die ihrer Wiederholung entgegenstünden"[79] – nur

---

79 Elke Rajal, Holocaust Education ohne Antisemitismus. Zum Stellenwert von Antisemitismus

teilweise entspricht. Für eine Umsetzung der Vorgaben der Lehrpläne, dass „[h]istorical education regarding National Socialism and the Holocaust is no longer solely an accumulation of facts and figures"[80], liefert die vorliegende Untersuchung keine Hinweise. Vielmehr ist der aufgrund der Mappen rekonstruierbare Geschichtsunterricht als Vergangenheitskunde zu klassifizieren.

Dieser Begriff verweist darauf, dass in diesem das geschichtsdidaktische Prinzip der Wissenschaftsorientierung, das in den 1970er-Jahren die Zeit der „Kunden" – von Hans-Jürgen Pandel beschrieben als „Gegenstandsbereiche, die vorwissenschaftlich aus praktischen, politischen (Gegenwartskunde) und ideologischen (Rasse- und Heimatkunde) Zweckmäßigkeitsgründen außerhalb der Wissenschaften zum Zwecke von Lernprozessen gebildet werden"[81] – grundsätzlich beendete, nur teilweise realisiert wurde. Wie beispielhaft im Kontext von Widerstand aufgezeigt wurde, entspricht das in den Mappen dokumentierte historische Wissen nicht immer dem aktuellen geschichtswissenschaftlichen Forschungsstand. Ähnliches ist in geschichtsdidaktischer Hinsicht festzustellen (wenngleich etwa keine Untersuchung zur Realisierung der fachspezifischen Kompetenzorientierung vorgenommen wurde), wie etwa die schon 2011 von Reinhard Krammer kritisierte[82] starke Personalisierung – insbesondere in Form der Fokussierung auf Hitler – klar zeigt.[83] Zudem ist zu bedenken, dass die über die Mappen rekonstruierbare Auswahl der Themen eine verzerrte Geschichtsinterpretation ergibt, wenn etwa in 37 Mappen Formen des Widerstandes behandelt werden und in 22 an NS-Verbrechen beteiligte Personen, die jedoch ausschließlich männlich sind und in Spitzenfunktionen des NS-Staates tätig waren, womit das Handeln oder eben Nicht-Handeln großer Teile der Bevölkerung nicht kritisch beleuchtet wird. Somit lässt sich auf Basis der Studie trotz

---

in der Vermittlungsarbeit zur Shoah, URL: https://katho-nrw.de/fileadmin/media/foschung_transfer/forschungsinstitute/CARS/CARS_WorkingPaper_2022_010_Rajal.pdf (abgerufen 20.3.2024), 5.

80 Christoph Kühberger, Teaching the Holocaust and National Socialism in Austria. Politics of memory, history classes, and empirical insights, in: Holocaust Studies 23 (2017) 3, 396–424, 402.

81 Hans-Jürgen Pandel, Geschichtsdidaktik. Eine Theorie für die Praxis, Schwalbach/Ts. 2013, 343.

82 Reinhard Krammer, Nationalsozialismus und Holocaust als Thema des Geschichtsunterrichts. Didaktische Anmerkungen und Vorschläge, in: Karl Klambauer/Herbert Seher (Hg.), Holocaust in Education in Centrope. Spurensuche zwischen Vergessen und Erinnern, Wien 2011, 192–202, 195.

83 Vgl. hierzu auch: Christoph Kühberger, Hitler-Mythen in österreichischen Geschichtsschulbüchern – Qualitative und quantitative Aspekte zum Problem der Personalisierung, in: Roland Bernhard/Susanne Grindel/Felix Hinz/Christoph Kühberger/Johannes Meyer-Hamme/Hansjörg Biener/Björn Onken/Julia Thyroff/Tobias Kuster/Markus Furrer/Christine Pflüger (Hg.), Mythen in deutschsprachigen Geschichtsschulbüchern. Von Marathon bis zum Élysée-Vertrag (Eckert. Die Schriftenreihe Band 142), Göttingen 2017, 185–212.

ihrer Limitationen, wie bereits andere geschichtsdidaktische Analysen mit anderen Datengrundlagen, annehmen, dass der österreichische Geschichtsunterricht in verschiedener Hinsicht nicht dem Diskurs der fachwissenschaftlichen wie geschichtsdidaktischen Forschung sowie den curricularen Vorgaben entspricht.

Erklärbar ist dieser Befund teilweise, wenn man die Ausbildung von Lehramtsstudierenden in den Blick nimmt. Eine 2014 publizierte Erhebung zur Lehramtsausbildung in Bezug auf den Themenkomplex „Nationalsozialismus und Holocaust" zeigte, „dass eine intensivere Beschäftigung mit NS und Holocaust während des Studiums nur durch eine individuelle Entscheidung auf der Basis eigener Interessen erfolgt und dass das Thema für Zwecke des Schulunterrichts von jedem/jeder Einzelnen in der beruflichen Praxis erst erarbeitet werden muss."[84] Die Situation hat sich in den letzten zehn Jahren zwar vor allem in Bezug auf die geschichtsdidaktische Ausbildung der Studierenden geändert – man denke etwa daran, dass im 2022 erlassenen Curriculum des Verbundes Nord-Ort eine eigene geschichts- und politikdidaktische Übung zum Thema „Faschismus, Nationalsozialismus und Rechtsextremismus" vorgesehen ist[85] –, doch ist zu bedenken, dass der Großteil der derzeit im Dienst stehenden Geschichtslehrkräfte keine solch spezifische Ausbildung erhalten hat. Außerdem steht zu befürchten, dass die 2024 beschlossene Reduktion des Lehramtsstudiums um ein Jahr die Möglichkeiten weiter einschränkt, im Studium jene Kompetenzen zu erwerben, um einen Geschichtsunterricht zu konzipieren, der dem Stand der Forschung in fachwissenschaftlicher und geschichtsdidaktischer Hinsicht entspricht.

---

84 NS- und Holocaust-Education in der LehrerInnenausbildung an österreichischen Universitäten und Pädagogischen Hochschulen, URL: https://www.erinnern.at/themen/e_bibliothek/ausstellungsprojekte/ns-und-holocaust-education-in-der-lehrerinnenausbildung-an-oesterreichischen-universitaeten-und-paedagogischen-hochschulen (abgerufen 1.6.2024), 22.

85 Vgl. Teilcurriculum für das Unterrichtsfach Geschichte und Politische Bildung im Rahmen des Bachelorstudiums zur Erlangung eines Lehramts im Bereich der Sekundarstufe (Allgemeinbildung) im Verbund Nord-Ost, URL: https://senat.univie.ac.at/fileadmin/user_upload/s_senat/konsolidiert_Lehramt/Teilcurriculum_Geschichte__Sozialkunde_und_Politische_Bildung_BA_Lehramt.pdf (abgerufen 1.6.2024).

zeitgeschichte extra

Philipp Mittnik

Fragen der thematischen Auswahl in Bezug auf Nationalsozialismus und Zweiter Weltkrieg für den Geschichtsunterricht. Dokumentation eines interdisziplinären Projekts

I. Einleitung

Transferforschung gewinnt an Universitäten und Pädagogischen Hochschulen laufend an Bedeutung. Die Fachdidaktiken spielen dabei eine zentrale Rolle, da der Transfer wissenschaftlicher Erkenntnisse von Hochschulen und Universitäten in die pädagogische Praxis, grundlegend ist. An zahlreichen Universitäten wird diese Aufgabe als dritte Säule neben Forschung und Lehre angeführt. Dies wird auch als „Third Mission" bezeichnet und soll die Gesellschaftsrelevanz der tertiären Forschung verdeutlichen. Anders formuliert wird darunter ein Sammelbegriff für alle gesellschaftsbezogenen Hochschulaktivitäten verstanden. Dieser Zugang ist in der universitären Landschaft nicht unumstritten, weil die Freiheit der Lehre und der Forschung nicht durch eine Form der Nutzungsorientierung ersetzt werden sollte. Gleichzeitig ist die Interaktion zwischen hochschulischen Einrichtungen und externen AkteurInnen aus Gesellschaft, Politik und Kultur eine Erwartung, die sich an tertiäre Einrichtungen richten. Das hier besprochene Projekt ist ein Beispiel für ein solches Third Mission Projekt, da die gesellschaftliche, aber nicht ökonomisch-orientierte Verwertung von wissenschaftlichen Erkenntnissen im Vordergrund steht.

Das interdisziplinäre Projekt unter dem Arbeitstitel „Nationalsozialismus unterrichten" ist als Folgeprojekt der empirischen Grundlagenarbeit „Generation des Vergessens"[1] installiert worden. Hierbei ging es um die Erhebung des Wissensbestandes von 15-jährigen SchülerInnen über die Themengebiete Nationalsozialismus, Holocaust und Zweiter Weltkrieg. Mit Blick auf die Ergebnisse wurden im Projekt „Nationalsozialismus unterrichten" zwei Arbeitsgruppen eingerichtet, die sich zum Ziel gesetzt haben die defizitären Wissensbestände durch ein zu erstellendes Unterstützungsmaterial für LehrerInnen an den

---

1 Philipp Mittnik, Georg Lauss und Sabine Hofmann-Reiter, *Generation des Vergessens? Deklaratives Wissen über Nationalsozialismus, Holocaust und den Zweiten Weltkrieg von Schüler*innen*, Wochenschau Wissenschaft (Frankfurt: Wochenschau Verlag, 2021).

Schulen zu minimieren. Eine Publikation, die als Ergebnis dieses Projekts entsteht, weist daher auch zwei inhaltliche Schwerpunktsetzungen auf: eine zeithistorische und eine geschichtsdidaktische. Im ersten Teil wurden ZeithistorikerInnen aus Österreich eingeladen, um eingängige, auf das Wesentliche reduzierte Texte über die zentralen Themenbereiche in den Bereichen Nationalsozialismus und Zweiter Weltkrieg zu verfassen. Im zweiten Teil wurden GeschichtsdidaktikerInnen aus Österreich eingeladen zu den entstandenen Texten Unterrichtsbeispiele zu entwickeln. Die *open access*-Publikation, die allen LehrerInnen und Interessierten kostenfrei zu Verfügung gestellt wird, soll dazu beitragen, dass die Wissensbestände von Jugendlichen über den Nationalsozialismus und den Zweiten Weltkrieg zu maximieren und sie für Fragen der Erinnerungskultur zu sensibilisieren. Die Publikation ist gleichzeitig an LehrerInnen an Schulen, als auch an Lehrende an Universitäten und Pädagogischen Hochschulen, die im Bereich der Lehramtsstudien arbeiten, gerichtet. Die Intention, das Ziel und die Ausrichtung dieser Publikation sind in einem Projekt entstanden, das hier präsentiert werden soll.

II. Theoretische Verortung des deklarativen Wissens in der Geschichtsdidaktik

Historisches Lernen wird als ganzheitlicher mentaler Prozess verstanden, der „neben Kognition auch Emotionen, Moralentscheidungen, Fantasievorstellungen, Triebstrebungen, Politikvorlieben und Identitätsbildungen" benötigt.[2] Vielfach wird kritisiert, dass junge Menschen zu wenig wissen, ohne jedoch dafür empirische Beweise vorzulegen. Die Vorstellung, dass gewisse Inhalte ‚einfach gewusst werden sollten', entspricht einem bildungsbürgerlichen Anspruch des *Homo universalis*. Ein kanonisiertes Wissen, das von allen Mitgliedern einer Gesellschaft gewusst wird, gilt heute als Illusion und als wenig wünschenswert. Einen Kanon an relevantem Wissen zu erstellen wird weder in der aktuellen Ausrichtung der Geschichtsdidaktik noch in diesem Projekt angestrebt, da es in einem modernen Geschichtsunterricht „auf den Erwerb von (erweiterbaren) Begriffsgerüsten, Ordnungskategorien, Arbeitstechniken und Lernbereitschaften"[3]

---

[2] Bodo v. Borries, „Moralische Aneignung und emotionale Identifikation im Geschichtsunterricht. Empirische Befunde und theoretische Erwägungen." In *Schule und Nationalsozialismus: Anspruch und Grenzen des Geschichtsunterrichts*, hrsg. v. Wolfgang Meseth, Matthias Proske und Frank-Olaf Radtke, Wissenschaftliche Reihe des Fritz Bauer Instituts 11 (Frankfurt, New York: Campus, op. 2004), 294.
[3] Bodo v. Borries, „Inhalte oder Kategorien. Überlegungen zur kind-, sach-, zeit- und schulgerechten Themenauswahl für den Geschichtsunterricht." *Geschichte in Wissenschaft und Unterricht*, 7/8 (1995): 427.

ankommt. Ein zentraler Bestandteil der Geschichts- und Politikdidaktik ist aber dennoch, mit Wissen und seiner Veränderbarkeit umzugehen. In der geschichtsdidaktischen Perspektive ist es üblich, verschiedene Formen des Wissens voneinander zu unterscheiden. In der Studie wurde vor allem das Fakten- oder deklarative Wissen untersucht. Darunter werden abgrenzbare und isolierte Informationen, die für sich genommen keine Komplexität besitzen, bezeichnet. Trotzdem ist es notwendig gewisse Fakten zu kennen, da sie notwendig für die Ordnung in einer Domäne, im vorliegenden Fall der Geschichtswissenschaft, sind.[4] Die Forschung zum deklarativen Wissen nimmt jedoch einen geringen Stellenwert ein, da kritisiert wird, dass nicht vorhergesagt werden kann, welche Inhalte auch in Zukunft zentral sein werden und dass durch die ständige Zunahme an deklarativem Wissen eine immer weitere Anhäufung davon schier unmöglich erscheint.[5] Der Geschichtsunterricht soll demnach keine „Registrierkasse für Vergangenes" sein, sondern die Lebenswelt der SchülerInnen berücksichtigen.[6] Das Wissen über die Vergangenheit dient aber keinem Selbstzweck, sondern soll junge Menschen befähigen aus der NS-Geschichte für die Gegenwart und Zukunft lernen zu können.[7] Die „Gegenwart ist für die Geschichtswissenschaft der zentrale Zeithorizont schlechthin".[8] Dennoch ist Faktenwissen auch Teil des historischen Lernens. Gerade in der hier besprochenen Studie wurde gezeigt, dass SchülerInnen zu den zentralsten Begriffen und Konzepten aus dem Themenbereich Nationalsozialismus kaum Wissen aufweisen. Vergleichbare Ergebnisse wurden auch in anderen Studien erzielt.[9]

---

4 Christoph Kühberger, „Konzeptionelles Wissen als besondere Grundlage des historischen Lernens." In *Historisches Wissen: Geschichtsdidaktische Erkundung zu Art, Tiefe und Umfang für das historische Lernen*, hrsg. v. Christoph Kühberger, Forum historisches Lernen (Schwalbach/Ts: Wochenschau-Verl., 2012), 35.

5 Kersten Reich, *Konstruktivistische Didaktik: Das Lehr- und Studienbuch mit Online-Methodenpool*, 5. Auflage, Pädagogik und Konstruktivismus (Weinheim, Basel: Beltz Verlag, 2012), http://www.content-select.com/index.php?id=bib_view&ean=9783407258168, 96 f.

6 Klaus Bergmann, „‚Papa, erklär mir doch mal, wozu dient eigentlich die Geschichte' Frühes historisches Lernen in der Grundschule und Sekundarstufe I." In *Kinder entdecken Geschichte: Theorie und Praxis historischen Lernens in der Grundschule und im frühen Geschichtsunterricht*, hrsg. v. Klaus Bergmann, 3. Aufl., Wochenschau Geschichte (Schwalbach/Ts.: Wochenschau-Verl., 2001), 14.

7 Wolfgang Meseth, Matthias Proske und Frank-Olaf Radtke, „Schule und Nationalsozialismus. Anspruch und Grenzen des Geschichtsunterrichts Schule und Nationalsozialismus. Anspruch und Grenzen." In Meseth; Proske; Radtke, *Schule und Nationalsozialismus* (s. Anm. 2), 11.

8 Thomas M. Buck, „Lebenswelt- und Gegenwartsbezug." In *Handbuch Praxis des Geschichtsunterrichts*, hrsg. v. Michele Barricelli und Martin Lücke, 2 Aufl., Wochenschau Geschichte (Schwalbach/Ts.: Wochenschau Verlag, 2017), 292.

9 Alphons Silbermann und Manfred Stoffers, *Auschwitz: Nie davon gehört?: Erinnern und Vergessen in Deutschland*, 1. Aufl. (Berlin: Rowohlt-Berlin-Verl., 2000), http://hsozkult.geschichte.hu-berlin.de/rezensionen/type=rezbuecher&id=215; Meike Zülsdorf-Kersting, „Jugendliche und das Thema Holocaust. Empirische Befunde und Konsequenzen für die Schul-

Auf eine der zahlreichen Studien[10], die in Deutschland das geringe Wissen von jungen Menschen über Auschwitz nachgewiesen haben, reagierte der Autor und Historiker Per Leo in einem Kommentar mit den Worten „Ihr sollt euch nicht empören, ihr sollt wissen, was passiert ist".[11] Wo liegen jedoch die Grenzen, was gewusst werden soll? Welche gesellschaftlichen Ansprüche gibt es? Die Faktizität des Nationalsozialismus und des Holocausts anzuerkennen ist sicher ein Anspruch des schulischen historischen Lernens. Sehr häufig passiert dies jedoch mittels eines Phänomens, das in der Geschichtsdidaktik als Personalisierung beschrieben wird. Darunter wird verstanden, dass historische Ereignisse unzulässig auf das Werk von Einzelpersonen reduziert werden.[12] Solange der Historismus die dominierende Betrachtung der Geschichtswissenschaften darstellte, war Personalisierung ein gängiges Prinzip in Geschichtsdarstellungen. Große Persönlichkeiten (meist Männer), große Ereignisse (meist Kriege) und Staatengeschichte waren die bevorzugten Felder der im Historismus tätigen Historiker.[13] Im speziellen Fall von Adolf Hitler haben sich dazu auch die Begriffe „Hitlerisierung" oder „Hitler-Zentrierung"[14] durchgesetzt. Problematisch für das historische Lernen ist Personalisierung dadurch, dass, die reflektierte Auseinandersetzung mit TäterInnen und ZuseherInnen des Regimes unterbunden wird, da es einen Hauptverantwortlichen (Hitler) gibt. Mit dessen Tod hat sich in dieser Vorstellung auch die Aufarbeitung des größten Menschheitsverbrechens erledigt. Dies entspricht keinesfalls der historischen „Wahrheit" und zusätzlich verhindert es den Aufbau eines reflektierten Geschichtsbewusstseins, dem Ziel

---

buchkonstruktion." In *Geschichtsdidaktische Schulbuchforschung: III. Nachwuchstagung der „Konferenz für Geschichtsdidaktik", die vom 5.–7. August 2005 in Witten-Bommerholz stattfand*, hrsg. v. Saskia Handro und Bernd Schönemann, 2. Aufl., Zeitgeschichte – Zeitverständnis 16 (Berlin: LIT-Verl., 2011); Reinhard Krammer, „Zur Behandlung der Geschichte der Juden im österreichischen Geschichtsunterricht." *Internationale Schulbuchforschung*, Nr. 22 (2000).

10 Steffen Hagemann und Roby Nathanson, „Deutschland und Israel heute: Verbindende Vergangenheit, trennende Gegenwart?," zuletzt geprüft am 10.02.2024, https://www.bertelsmann-stiftung.de/fileadmin/files/BSt/Publikationen/GrauePublikationen/Studie_LW_Deutschland_und_Israel_heute_2015.pdf.
11 Per Leo, „Auschwitz ist für mich." *Frankfurter Allgemeine Zeitung*, 07.02.2015.
12 Klaus Bergmann, *Personalisierung im Geschichtsunterricht, Erziehung zu Demokratie?*, 2., erw. Aufl., Anmerkungen und Argumente zur historischen und politischen Bildung 2 (Stuttgart: Klett, 1977).
13 Gerhard Schneider, „Personalisierung/Personifizierung." In Barricelli; Lücke, *Handbuch Praxis des Geschichtsunterrichts* (s. Anm. 8), 304.
14 Meike Zülsdorf-Kersting, „Jugendliche und das Thema Holocaust. Empirische Befunde und Konsequenzen für die Schulbuchkonstruktion." In Handro; Schönemann, *Geschichtsdidaktische Schulbuchforschung* (s. Anm. 9), 110; Nicola Brauch, *Geschichtsdidaktik*, De Gruyter eBook-Paket Geschichte (Berlin, Boston: De Gruyter Oldenbourg, 2015). doi:10.1515/9783110375244, http://www.sehepunkte.de/2016/11/27549.html, 173.

des schulischen Geschichtsunterrichts.[15] Solchen Tendenzen kann mit dem Erlernen von Fakten bzw. deklarativem Wissen entgegnet werden.

Ein zentrales Vorhaben des Projektes ist es, LehrerInnen auch beim Aufbau dieses Faktenwissens zu unterstützen. Gleichzeitig kann so der „Historisierung des Holocausts"[16] begegnet werden. Darunter wird das Phänomen verstanden, dass der Holocaust immer mehr in der Vergangenheit verschwindet, was nicht zuletzt mit der stets niedrigeren Anzahl an ZeitzeugInnen in Zusammenhang steht.

III. Ausgangslage: Was wissen SchülerInnen über Nationalsozialismus

In der bereits erwähnten Studie „Generation des Vergessens" wurden über 1.181 Wiener SchülerInnen aller Schularten[17] in der 9. Schulstufe, wenige Monate nachdem sie dazu unterrichtet wurden im Jahr 2018, befragt. In der achten Schulstufe sind die Themen Nationalsozialismus und Zweiter Weltkrieg im Unterrichtsfach „Geschichte und Politische Bildung" fix verankert.[18]

In der Geschichtsdidaktik wird der Umgang mit Begriffen und Konzepten der „Historische Sachkompetenz" zugeordnet.[19] Konventionalisierte Begriffe und ihre dahinterstehenden Konzepte sind zentraler Bestandteil des Wissenserwerbs, da ohne sie Diskurs und (fachspezifische) Kommunikation nicht möglich ist.[20] In

---

15 Christoph Kühberger, „Hitler-Mythen in österreichischen Geschichtsschulbüchern – Qualitative und quantitative Aspekte zum Problem der Personalisierung." In *Mythen in deutschsprachigen Geschichtsschulbüchern: Von Marathon bis zum Élysée-Vertrag*, hrsg. v. Roland Bernhard et al., 1. Aufl., Eckert. Die Schriftenreihe Band 142 (Göttingen: V&R unipress, 2017), 191.
16 Nicolas Berg, *Der Holocaust und die westdeutschen Historiker: Erforschung und Erinnerung*, 3., durchges. Aufl., Online-Ausg, Moderne Zeit 3 (Göttingen: Wallstein, 2013), Zugl.: Freiburg i. Br., Univ., Diss., 2001 u.d.T.: Berg, Nicolas: Auschwitz und die deutsche Geschichtswissenschaft, http://swb.eblib.com/patron/FullRecord.aspx?p=1390859, 18.
17 In der Sekundarstufe I (10–14 Jahre) gibt es in Österreich nur zwei Schularten: Die Mittelschule und die Allgemeinbildende Höhere Schule. In der befragten Altersgruppe sind zahlreiche Schulformen vorhanden, die in folgende Kategorien eingeteilt wurden: Allgemeinbildende Höhere Schule (AHS), Berufsbildende Höhere Schulen wie HTL, HBLA oder HAK (BHS), Berufsbildende Mittlere Schulen (BMS) und Polytechnische Schulen (PTS).
18 Lehrplan Geschichte und Politische Bildung, BGBl. II, BMBWF (02.01.2023), zuletzt geprüft am 10.02.2024, https://www.bmbwf.gv.at/Themen/schule/schulpraxis/lp/lp_ahs.html.
19 Schöner, Alexander: Kompetenzbereich historisch Sachkompetenzen. In: Kompetenzen historischen Denkens. Ein Strukturmodell als Beitrag zur Kompetenzorientierung in der Geschichtsdidaktik. Hg. v. A. Körber/W. Schreiber/A. Schöner. Neuried 2007. S. 265–314.
20 Waltraud Schreiber, „Ein Kompetenz-Strukturmodell historischen Denkens." *Zeitschrift für Pädagogik* 54, Nr. 2 (2008): 206, zuletzt geprüft am 20.01.2024, https://www.erinnern.at/the

der Studie wurden unter anderem zentrale Begriffe und Konzepte aus der Zeit des Nationalsozialismus und seiner Aufarbeitung abgefragt. An dieser Stelle soll der Wissenstand der SchülerInnen über zwei solcher Begriffe präsentiert werden: „Holocaust" und „Antisemitismus". Die Antworten der SchülerInnen, auf die offen formulierte Fragestellung, wurden in drei Kategorien eingeteilt: korrekte, unvollständige bzw. falsche oder fehlende Definition. Diese Kategorisierung ist von zwei unterschiedlichen Ratern vorgenommen worden, um einen hohen Grad an Zuverlässigkeit bei der Aussage zu belegen. Die Interrater-Reliabilität nach Cohen wurde ermittelt und die erreichte Übereinstimmung war „nahezu perfekt" (Cohens ϰ = 0,835).[21]

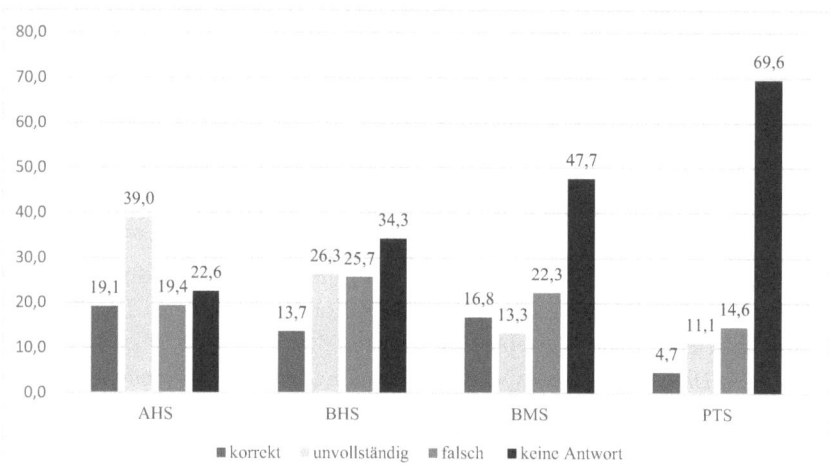

Abb. 1: Wissensbestand zu dem Begriff „Holocaust" bei Wiener SchülerInnen (Angaben in Prozent)

Exemplarisch sollen hier Antworten der SchülerInnen angeführt werden, um sich ein Bild zu machen, wie die Antworten kategorisiert wurden (Anführung der Originalantworten).

Kategorie 1: korrekte Definition
- Auslöschung aller Juden
- Das Massenmorden an Juden
- den Massenmord der Nationalsozialisten an den Juden

---

men/e_bibliothek/didaktik/methodik-didaktik-1/schreiber-ein-kompetenz-strukturmodell-historischen-denkens.pdf.

21 J. R. Landis und Gary G. Koch, „The Measurement of Observer Agreement for Categorical Data." *Biometrics*, Nr. 33 (1977), zuletzt geprüft am 07.06.2022, https://dionysus.psych.wisc.edu/iaml/pdfs/landis_1977_kappa.pdf.

Kategorie 2: unvollständige Definition
- das Juden verfolgt werden
- Das Vergasen von Juden
- das (sic!) viele Juden getötet wurden

Kategorie 3: fehlende oder falsche Definition
- Aus dem hebräischen und bedeutet ...
- das foltern von Leuten im 2 WK
- Das viele verbrannt wurden[22]

So zeigt sich, dass nur 19 % der AHS-SchülerInnen, 13,7 % der BHS-SchülerInnen, 16,8 % der BMS-SchülerInnen und 4,7 % der PTS-SchülerInnen eine korrekte Kurzdefinition zu dem Begriff „Holocaust" geben konnten. Bei der Detailanalyse zeigte sich, dass insbesondere zwei falsche Konzeptionen eine verhältnismäßig weite Verbreitung haben. Bei 15,5 % aller Antworten wird nur die Verfolgung von Jüdinnen und Juden angeführt. Angesichts der vielen Millionen Opfer ist die Bezeichnung „Verfolgung" jedoch eine Verharmlosung, die der Dimension des Holocausts nicht gerecht wird. 11,7 % der Befragten verstanden unter „Holocaust" Örtlichkeiten. So wurden etwa folgende Begriffe von SchülerInnen verwendet, die eine vermeintliche Bedeutung von Holocaust anführen: „Lager", „Konzentrationslager" oder „Orte wo das alles geschah".[23]

Vergleichbare Ergebnisse sind auch beim Begriff „Antisemitismus" zu beobachten. Die Reliabilität, gemessen an der Übereinstimmung zweier Rater, war auch hier „nahezu perfekt" (Cohens $\kappa = 0{,}820$).[24] Weniger als ein Drittel der AHS-SchülerInnen (29,8 %) und weniger als 20 % der BHS-SchülerInnen können eine vereinfachte Definition von Antisemitismus anführen.

In der Studie wurden vierzehn Wissensfragen als Test ausgewertet. Die maximal zu erreichende Punkteanzahl, betrug 35. Je nach Wertigkeit und Antwortmöglichkeiten wurden unterschiedliche Punktekontingente vergeben, Halbpunkte wurden nicht vergeben. Der durchschnittliche Punktewert lag im Schultyp AHS nur bei 10,8 und in der Polytechnische Schule bei 3,2. Es konnten auch Faktoren ermittelt werden, die einen Einfluss darauf haben, wie viele Punkte die einzelnen SchülerInnen bei dem Test erreichten. So beeinflusst z. B. die Anzahl der gehaltenen Schulstunden (in der Schätzung seitens der SchülerInnen) zu Nationalsozialismus und Zweiter Weltkrieg das Ergebnis signifikant. Über alle Schultypen hinweg erreichten jene SchülerInnen, die mehr als zehn Stunden zu den Themen unterrichtet wurden im Durchschnitt zehn Punkte.

---

22 Mittnik, Lauss und Hofmann-Reiter, *Generation des Vergessens?*, 54.
23 Ebd., 55.
24 Landis und Koch, „The Measurement of Observer Agreement for Categorical Data".

Während jene, die angaben, weniger als vier Stunden zu diesen Themen unterrichtet worden zu sein, konnten im Durchschnitt nur zwei Punkte erreichen.[25]

Der Unterschied nach Geschlecht wies deutlichere Unterschiede auf als z. B. die gesprochene Erstsprache der SchülerInnen. Burschen erreichten in der AHS eine durchschnittliche Punkteanzahl von 13, Mädchen nur 6 Punkte. Bei der Erstsprache Deutsch und anderen Erstsprachen im Vergleich lag nur ein Prozentpunkt zwischen den Ergebnissen.[26]

Auch andere Studien erzielten vergleichbare Ergebnisse und zeigen auf, dass der deklarative Wissensbestand zu Nationalsozialismus und Zweiter Weltkrieg als gering eingeschätzt werden kann.[27] Das Positive an diesen und weiteren vergleichbaren Studien[28] ist jedoch, dass die Jugendlichen den vermittelten Inhalt nicht als überflüssig oder als zu umfangreich empfinden („Übersättigungsthese"[29]), sondern, dass sich der Großteil mehr Unterrichtsstunden zu diesen Themen wünscht.[30]

IV. Projektidee und Aufbau des Projekts „Nationalsozialismus unterrichten"

Cornelia Gräsel definiert vier Einflussfaktoren, die darüber entscheiden, ob Transferforschung von Innovationen, also von wissenschaftlichen Erkenntnissen in die Schule, erfolgreich ist. Erstens, ist es zentral, ob die Art der neuen Erkenntnisse im Schulsystem Akzeptanz findet und als notwendig erachtet wird. Zweitens, die Motivation der LehrerInnen spielt zudem eine entscheidende Rolle. Wenn sie die Bedeutsamkeit der Innovation erkennen und sich gleichzeitig davon nicht überfordert fühlen, steigt die Chance auf eine Umsetzung. Drittens, die Rolle der Direktionen liegt auch darin, Neuerungen in der jeweiligen Schule als etwas Positives und nicht Belastendes zu vermitteln. Viertens ist ein unterstützendes Umfeld von Seiten der Wissenschaft ein weiterer Einflussfaktor für die Umsetzung neuer Ideen.[31]

---

25 Mittnik, Lauss und Hofmann-Reiter, *Generation des Vergessens?*, 117.
26 Ebd., 111.
27 Stuart J. Foster und et al., *What do students know and understand about the Holocaust? Evidence from English secondary schools*, Second edition (London: UCL, 2016).
28 Claims Conference, „Netherlands Holocausts Awareness Survey." Zuletzt geprüft am 19.01. 2024, https://www.claimscon.org/wp-content/uploads/2023/01/Netherlands-Executive-Summary-1.23.22.pdf.
29 Juliane Wetzel, „Holocaust-Erziehung." Zuletzt geprüft am 10.01.2024, https://www.bpb.de/themen/erinnerung/geschichte-und-erinnerung/39843/holocaust-erziehung/.
30 Mittnik, Lauss und Hofmann-Reiter, *Generation des Vergessens?*, 93.
31 Cornelia Gräsel, „Stichwort: Transfer und Transferforschung im Bildungsbereich." *Zeitschrift für Erziehungswissenschaft* 13, Nr. 1 (2010): 10–12, doi:10.1007/s11618-010-0109-8.

Nach den Faktoren von Gräsl, erkennen LehrerInnen vermutlich die Notwendigkeit der Themen Nationalsozialismus und Zweiter Weltkrieg an und gleichzeitig ist von einer hohen Akzeptanz auszugehen, da diese Inhalte auch vom Lehrplan eingefordert werden. LehrerInnen könnten in der Publikation, die Unterrichtsbeispiele enthalten wird, einen Vorteil erkennen, da es ihnen die Arbeit erleichtert. Zusätzlich wird es zahlreiche Schulstandorte geben, an denen diese Themen bereits jetzt ausführlich behandelt werden und an denen Fortbildung dazu als etwas Positives wahrgenommen und erlebt wird.

In Vorbereitung auf das Projekt wurden zwei Arbeitsgruppen eingerichtet. Eine bestand aus VertreterInnen der Zeitgeschichte von verschiedenen österreichischen Universitäten und Pädagogischen Hochschulen.[32] Die andere besteht aus VertreterInnen der Geschichtsdidaktik, ebenfalls von unterschiedlichen österreichischen Standorten.[33]

In der ersten Projektphase traf sich die Gruppe der ZeithistorikerInnen, um sich diskursiv auf die zentralen Themen der Bereiche Nationalsozialismus, Zweiter Weltkrieg und dessen Aufarbeitung zu einigen. Rahmen für die Auswahl der zu bestimmenden Themen war der Lehrplan 2023 für das Unterrichtsfach Geschichte und Politische Bildung[34] und die Anzahl der daraus abgeleiteten Stunden für diesen Themenkomplex. Dem Lehrplan entsprechend sollen 41 % der thematisch gehaltenen Anwendungsbereiche in der 8. Schulstufe, den Themen Nationalsozialismus, Zweiter Weltkrieg und deren Aufarbeitung gewidmet werden. Dies entspricht in etwa 25 Unterrichtsstunden à 50 Minuten.[35] Fünfzehn Themen sollten von der Arbeitsgruppe als besonders bedeutsam identifiziert werden, sodass LehrerInnen noch weitere zehn Stunden hätten, um eigene Schwerpunkte positionieren zu können. Viele der ausgewählten Themen sind durch den Lehrplan der Sekundarstufe I abgedeckt, jedoch wurden im Projekt zahlreiche Konkretisierungen vorgenommen, die aus der Perspektive der ZeithistorikerInnen als notwendig angesehen wurden. Jedes dieser Themen wurde

---

32 Die Mitglieder der Arbeitsgruppe Zeitgeschichte waren: Helga Embacher (Universität Salzburg), Christoph Kühberger (Universität Salzburg), Georg Lauß (Pädagogische Hochschule Wien), Philipp Mittnik (Pädagogische Hochschule Wien), Bertrand Perz (Universität Wien), Dieter Pohl (Universität Klagenfurt), Oliver Rathkolb (Universität Wien), Dirk Rupnow (Universität Innsbruck), Barbara Stelzl-Marx (Universität Graz).
33 Die Mitglieder der Arbeitsgruppe Geschichtsdidaktik waren: Andrea Brait (Universität für Weiterbildung Krems), Wolfgang Buchberger (Pädagogische Hochschule Salzburg), Robert Hummer (Pädagogische Hochschule Salzburg), Christoph Kühberger (Universität Salzburg), Georg Lauß (Pädagogische Hochschule Wien), Philipp Mittnik (Pädagogische Hochschule Wien), Christian Pichler (Pädagogische Hochschule Kärnten), Stefan Schmid-Heher (Pädagogische Hochschule Wien).
34 Lehrplan Geschichte und Sozialkunde/Politische Bildung für Mittelschulen und allgemein bildenden höheren Schulen, BMBWF 1 (18.05.2016), zuletzt geprüft am 22.02.2022, https://www.bmbwf.gv.at/Themen/schule/schulpraxis/lp/lp_ahs.html.
35 Mittnik, Lauss und Hofmann-Reiter, *Generation des Vergessens?*, 22 f.

aus der Gruppe der ZeithistorikerInnen auf drei bis vier Buchseiten ausgearbeitet und soll in verständlicher Sprache die grundlegenden Informationen für Lehrkräfte liefern.

Die fachhistorischen Texte wurden einem kollegialen Peer-Review unterzogen und danach an die Arbeitsgruppe aus dem Bereich der Geschichtsdidaktik übermittelt. Diese erstellten zu den vorhandenen Texten Unterrichtsbeispiele, die auf eine Unterrichtseinheit ausgelegt sind.

V. Themenauswahl

In der Vorbereitung auf das erste Projekttreffen wurden alle Mitglieder der Arbeitsgruppe aus dem Bereich der Zeitgeschichte ersucht, acht bis zehn Themen zu nennen, die aus deren Perspektive als besonders zentral erachtet werden. Daraus ergab sich eine große Bandbreite von 151 genannte Themen, die Georg Lauß einer Clusterung zugeführt hat. Die am häufigsten genannten Themen werden in Tab. 1 präsentiert.

Thema	Anzahl der Nennungen
Vernichtungskrieg im Osten und Verbrechen der Wehrmacht	9
Holocaust/Shoah inklusive Stufen der Radikalisierung	6
Systematik der Konzentrationslager	6
Radikalisierung der Gesellschaft und Aufstieg der NSDAP in Deutschland	6
Propaganda und die Nutzung der Medien	6
Krieg und Imperialismus als Voraussetzung der Massengewalt	5
Erinnerungskultur Österreich /BRD/DDR im Vergleich	5
Opfergruppen der NS-Vernichtungspolitik	4
Kriegsverbrecherprozesse, Nachkriegsjustiz, Entnazifizierung	4
Zeitgenössische Aufarbeitungsdiskurse über Erinnerung und Verantwortung	4
Formen von Antisemitismus	4
Krisen der Weimarer Republik	4
Faschismus/Nationalsozialismus: Ideologie und politische Bewegungen in den 1920er Jahren	4
Machtübernahme der NSDAP ab 1933	4
Konzept der Volksgemeinschaft	4
Schule und Erziehungssystem im Nationalsozialismus	4
NS-Machtapparate und NS-TäterInnen	4

Tab. 1: Themenvorschläge der Arbeitsgruppe Zeitgeschichte – quantitative Nennung

In der Tabelle werden nur jene Themen angeführt, die zumindest vier Nennungen von unterschiedlichen Personen hatten. Alle anderen Themen, die nur eine bis drei Nennungen aufwiesen, wurden in der Diskussion zur Identifikation der wichtigsten thematischen Setzungen für den Unterricht dennoch berücksichtigt. Es wurde zusätzlich eine Einordnung nach Kategorien vorgenommen. Hierbei wurden alle Nennungen berücksichtigt und vier Kategorien zugeteilt (siehe Abb. 2). Mehrfachnennungen von unterschiedlichen ZeithistorikerInnen waren möglich. Alle Zuordnungen zu den einzelnen Kategorien wurden erhoben und in absoluten Zahlen dargestellt. Insgesamt wurden 44 Themenbereiche, die von den ZeithistorikerInnen genannt wurden, zusammengefasst.

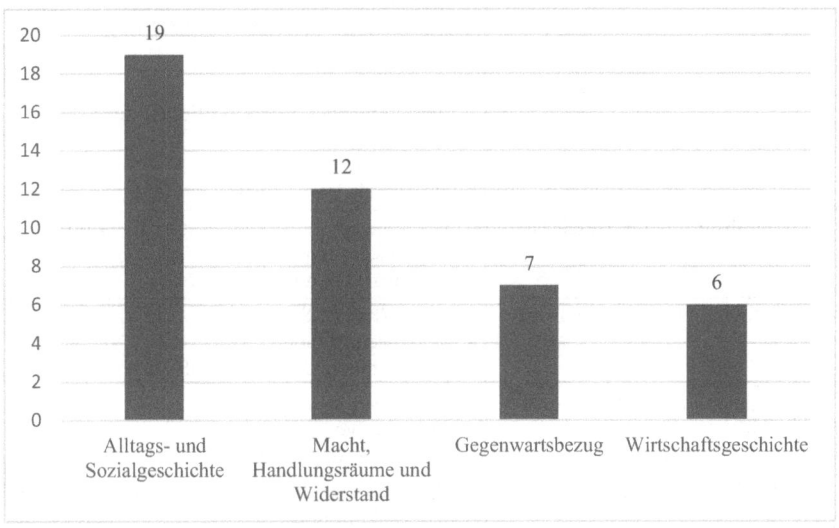

Abb. 2: Quantitative Nennung von Themen in Kategorien

Die Einzelnennungen und die Zusammenfassungen in Kategorien wurden als Grundlage für den Diskussionsprozess herangezogen. Die Bedenken, dass eine solche Auswahl immer das Problem der Marginalisierung von anderen Themen bedeutet, wurde hierbei ausreichendreflektiert. In Bezug auf das geschichtstheoretische Prinzip der Selektivität wurde berücksichtigt, dass als einer der wesentlichsten „Selektionsfilter"[36] bei der Auswahl der Themen der Gegenwartsbezug gegeben sein muss, der sich an Fragen der Gegenwart orientiert. Lehrkräfte müssen derartige Auswahlentscheidungen bei jedem Thema vor-

---

36 Bernhard Sutor, „Politische Bildung im Streit um die „intellektuelle Gründung" der Bundesrepublik Deutschland: Die Kontroversen der siebziger und achtziger Jahre." *Aus Politik und Zeitgeschichte*, Nr. 45 (2002): 4, zuletzt geprüft am 15.02.2024, https://www.bpb.de/shop/zeitschriften/apuz/26627/politische-bildung-im-streit-um-die-intellektuelle-gruendung-der-bundesrepublik-deutschland/.

nehmen, in diesem Fall wurde sie wissenschaftsorientiert und -begleitend durchgeführt. Am Ende des Projekttreffens wurde eine Liste mit fünfzehn Themen erstellt, die von allen Mitgliedern der Arbeitsgruppe als unerlässliche Themen für den Bereich Nationalsozialismus und Zweiter Weltkrieg für den Geschichtsunterricht angesehen wurde.

	Thema	Inhaltliche Schwerpunkte
1	Entwicklung des Extremismus	- Ideologie: Antisemitismus, Rassismus - Radikalisierung der Gesellschaft
2	Zerstörung der Demokratie	- Aufstieg der *NSDAP* ab 1933 - Österreich: Machtübernahme 1938 von innen und außen - Aufhebung von Parlamentarismus und Rechtsstaat
3	Übernahme der Macht	- Propaganda/Medien - Besetzung aller Machtpositionen der Exekutivgewalt (Polizei/Justiz) - Umbau des Staates - Österreich: „Anschluss"
4	Mobilisierung der Gesellschaft	- Grundlagen der Mobilisierung (oben/unten) - Organisationen: *HJ, BDM, KdF*,… - Propaganda und ihre Inhalte
5	Alltag im Nationalsozialismus	- Schule/Kultur/Sport - Geschlechterbilder - Handlungsspielräume im NS-Staat
6	Exklusion aus der NS-Gesellschaft	- Zwangssterilisation - Jüdische Bevölkerung - Politische GegnerInnen
7	Politik zum Krieg	- Kriegspolitik (Außenpolitik, strategische Ziele) - Kriegsökonomie - Globale Aspekte des Weltkrieges
8	NS-Herrschaft in Europa	- Ausbeutung - Alltag/Besatzungserfahrung - Widerstand
9	Systematische Verfolgung und Ermordung	- Lager (Konzentrationslager, Kriegsgefangenlager) - Roma und Sinti, andere Opfergruppen - Krankenmorde (NS-Euthanasie)
10	Holocaust	- Antisemitische Legitimationsstrategien - Deportationen und Ghetto - Vernichtungslager
11	Kriegsgesellschaft	- Zwangsarbeit - Kriegsalltag - Verschiebung der Geschlechteraufgaben

(Fortsetzung)

	Thema	Inhaltliche Schwerpunkte
12	Handlungsspielräume im NS-Staat	– Täter und Täterinnen – Mitläufer und Mitläuferinnen – Widerstand
13	Kriegsende	– Todesmärsche und Endphaseverbrechen – Zusammenbruch und Befreiung – Globale Aspekte
14	Verdrängung, Erinnerung und Aufarbeitung	– Entnazifizierung, Nachkriegsprozesse – Opfermythos – Erinnerungskultur im Wandel
15	Aktuelle Darstellungen und Debatten	– Unterschiedliche mediale Interpretationen – Postmigrantische Aspekte – Use and misuse of History

Tab. 2: Zentrale Themen für die Ausarbeitung – Bereich Zeitgeschichte

Der größte Unterschied zwischen dem Lehrplan 2023 und den von der ExpertInnengruppe als wichtige Themen eingestuft, ist die Berücksichtigung des Weltkrieges und der Kriegsgesellschaft. Zusätzlich wurde ein großer Wert auf die internationale Betrachtung des Zweiten Weltkrieges gelegt, da die Studienergebnisse darlegen, dass der klare Fokus bei den Themen Nationalsozialismus und Zweiter Weltkrieg auf Österreich und Deutschland liegt. Die enormen Verbrechen auf dem Gebiet des heutigen Polen und der Sowjetunion sind kaum im historischen Gedächtnis der untersuchten SchülerInnen verankert.[37]

VI. Die Gestaltung der Unterrichtsbeispiele

Nach der Fertigstellung der zeithistorischen Texte, trat die Arbeitsgruppe aus dem Bereich der Geschichtsdidaktik zusammen. Die Aufgabe war es aus den vorhandenen zeithistorischen Texten, gewisse Sequenzen heraus zu lösen, um diese in einem Unterrichtsbeispiel zugänglich zu machen. Diese Beispiele sind auf ein bis zwei Unterrichtsstunden ausgelegt, um so über eine Beschäftigung mit dem Thema das entsprechende Wissen zu vergrößern. Die geschichtsdidaktische Gestaltung von Unterrichtsmaterial wurde theoriegeleitet angelegt. Bevor die Arbeitsgruppe der GeschichtsdidaktikerInnen zusammengetroffen ist, wurde ein Leitfaden erstellt, welche spezifischen Aspekte des historischen Lernens was bei der Erstellung der Unterrichtsbeispiele, zu berücksichtigen ist. Vergleichbar zu anderen Publikationen[38] aus dem Bereich der Geschichts- und Politikdidaktik

---

37 Mittnik, Lauss und Hofmann-Reiter, *Generation des Vergessens?*, 74f.
38 Wolfgang Buchberger, Elmar Mattle und Simon Mörwald, Hrsg., *Mit Quellen arbeiten: Aufgaben für historisches Lernen in der Primar- und Sekundarstufe* (Salzburg, Wien: Edition

soll ein Thema über zwei Bausteine verfügen: Erstens Informationsseiten mit Hinweisen für die LehrerInnen und zweitens, das eigentliche Unterrichtsbeispiel, das so konzipiert wird, dass das dort präsentierte Material ohne weitere Bearbeitung im Unterricht verwendet werden kann.

Im ersten Teil werden methodisch-didaktische Hinweise für LehrerInnen zusammengefasst. Auf diese Weise sollen Lehrkräften erkennen, welche geschichtsdidaktische Intention hinter der Gestaltung des Beispiels steht und welche fachspezifischen Grundlagen geboten werden. Jedes Beispiel sollte geschichtsdidaktische Prinzipien, fachliche Konzepte und domänenspezifische Kompetenzen berücksichtigen. Aus der Fülle an historischen und politischen Facetten der Themen werden jene Momente für den Unterricht ausgewählt, die als förderlich angesehen werden, um zeithistorische Themen und historisches Denken zu befördern. Im Lehrplan 2023 der Sekundarstufe I werden folgende Prinzipien aufgelistet, die im Unterricht zu berücksichtigen sind: Gegenwarts- und Zukunftsbezug, Lebensweltbezug und Subjektorientierung, Inter- und Transkulturalität, Problemorientierung, exemplarisches Lernen, Handlungsorientierung, Multiperspektivität und Kontroversität sowie Wissenschaftsorientierung.[39] Bei der Verteilung der Themen wurde darauf geachtet, dass alle Prinzipien in den Beispielen möglichst abgedeckt werden, um darüber eine gewisse Vielfalt sicher zu stellen.

Im Unterricht wird Faktenwissen immer eine Rolle spielen, da es zur Verdeutlichung von Fallbeispielen notwendig ist. Für nachhaltiges Lernen ist dieses deklarative Wissen zwar eine Voraussetzung, für den Erfolg von historischen Lernprozessen ist es jedoch nur geringfügig verantwortlich.[40] Konzepte, oder auch Basiskonzepte hingegen stellen „die Grundlage für den systematischen Wissensaufbau dar und dienen der horizontalen und vertikalen Vernetzung von Wissen im Unterricht."[41] Diese Konzepte sollen wiederkehrend im Unterricht eingesetzt werden, um so ein vertiefendes Lernen zu ermöglichen. Im Lehrplan 2023 der Sekundarstufe I werden drei Gruppen von Konzepten genannt:

(1) das Zustandekommen von historischem und politischem Wissen reflektieren (z. B. Perspektivität), (2) Zeit als grundlegendes Konzept des historischen Denkens zwischen Kontinuität und Wandel beachten (z. B. Zeiteinteilung) und

---

Tandem, 2020), https://www.recensio.net/rezensionen/zeitschriften/hemecht/2022/1/Review Monograph520223418; Philipp Mittnik, Georg Lauss und Stefan Schmid-Heher, Hrsg., *Politische Handlungsfelder zwischen Interessens- und Identitätspolitik: Was wir wollen und wer wir sind: eine Handreichung für Lehrkräfte in der Sekundarstufe II* (Wien: Zentrum für Politische Bildung Pädagogische Hochschule Wien, 2019).

39 *Lehrplan Geschichte und Politische Bildung.*
40 Christoph Kühberger, „Konzeptionelles Wissen als besondere Grundlage des historischen Lernens." In *Historisches Wissen*, 38.
41 Georg Weißeno et al., *Konzepte der Politik: Ein Kompetenzmodell*, Reihe Politik und Bildung Band 56 (Schwalbach/Ts.: Wochenschau Verlag, 2010). doi:4588, 48.

(3) Zusammenhänge des menschlichen Zusammenlebens (z. B. Macht) fokussieren.⁴²

Die dritte geschichtsdidaktische Grundlage, die bei der Erstellung der Beispiele zu berücksichtigen ist, ist die Verwendung von domänenspezifischen Kompetenzen. In der deutschsprachigen Geschichts- und Politikdidaktik wurden verschiedene Kompetenzmodelle entwickelt.⁴³ Grundlage für den Lehrplan – und daher auch für dieses Projekt – ist das FUER Kompetenzmodell mit vier historischen Kompetenzen: Historische Sachkompetenz, Historische Orientierungskompetenz, Historische Methodenkompetenz und Historische Fragekompetenz.⁴⁴

In einem Unterrichtsbeispiel können selbstredend nicht alle Prinzipien, Konzepte und Kompetenzen abgedeckt werden, jedoch soll klar erkennbar sein, welche davon in einem Beispiel bedient werden. In dem konkreten Unterrichtsmaterial für die SchülerInnen soll zudem die Quellenkritik, als zentrales Instrument der Geschichtswissenschaft, berücksichtigt werden. Jedes Unterrichtsbeispiel soll mindestens eine Quelle oder eine Darstellung verwenden, um davon ausgehend kompetenzorientierte Arbeitsaufträge anzubieten. Diese können als „das Rückgrat des kompetenzorientierten Unterrichts"⁴⁵ oder „als zentrales Steuerungs- und Strukturierungselement"⁴⁶ beschrieben werden. Die Funktion von Arbeitsaufträgen besteht in erster Linie darin, Tätigkeiten von SchülerInnen zu initiieren, zu steuern sowie Lernergebnisse und Leistungen abzurufen.⁴⁷ In diesen Arbeitsaufträgen sollen die verschiedenen Aspekte der zuvor beschriebenen geschichtsdidaktischen Grundlagen, verankert werden.

---

42 *Lehrplan Geschichte und Politische Bildung.*
43 Peter Gautschi, *Guter Geschichtsunterricht: Grundlagen, Erkenntnisse, Hinweise*, 2. Aufl., Wochenschau Geschichte (Schwalbach/Ts.: Wochenschau-Verl., 2011), Zugl.: Kassel, Univ., Diss., 2009; Hans-Jürgen Pandel, *Geschichtsunterricht nach PISA: Kompetenzen, Bildungsstandards und Kerncurricula*, 3. Aufl., Forum historisches Lernen (Schwalbach: Wochenschau Verlag, 2014), http://gbv.eblib.com/patron/FullRecord.aspx?p=3565263; Reinhard Krammer, „Die durch politische Bildung zu erwerbenden Kompetenzen. Ein Kompetenz-Strukturmodell." BMBWF, zuletzt geprüft am 12.01.2021, https://www.bmbwf.gv.at/Themen/schule/schulpraxis/prinz/politische_bildung.html.
44 Körber, Andreas / Schreiber, Waltraud / Schöner, Alexander (Hg.): Kompetenzen historischen Denkens. Ein Strukturmodell als Beitrag zur Kompetenzorientierung in der Geschichtsdidaktik. Neuried 2007.
45 Michele Barricelli, Peter Gautschi und Andreas Körber, „Historische Kompetenzen und Kompetenzmodelle." In Barricelli; Lücke, *Handbuch Praxis des Geschichtsunterrichts* (s. Anm. 8), 231.
46 Georg Weißeno, „Lernaufgaben als Instrument der Unterrichtssteuerung und der empirischen Forschung." In *Politikunterricht evaluieren: Ein Leitfaden zur fachdidaktischen Unterrichtsanalyse*, hrsg. v. Dagmar Richter (Baltmannsweiler: Schneider-Verl. Hohengehren, 2006), 115.
47 Christian Heuer, „Für eine „neue" Aufgabenkultur. Alternativen für historisches Lehren und Lernen an Hauptschulen." *Zeitschrift für Geschichtsdidaktik*, Nr. 9 (2010): 91.

Dies wird vor allem deshalb angestrebt, weil verschiedene Schulbuchanalysen zeigen, dass genau jene Bausteine (Prinzipien, Konzepte und Kompetenzen) in Aufgaben aber meist nicht berücksichtigt werden.[48] Unkritische und zusammenfassende Aufträge, wie „Fasse die Quelle zusammen" dominieren nach wie vor die Schulbuchaufgaben.[49] Die Erstellung dieser Unterrichtsbeispiele sollen dazu einen Gegenpart liefern und Aufträge für verschiedene Anforderungsbereiche anbieten.

VII. Fazit

Das vorliegende Projekt ist ein Beispiel für tertiäre Transferleistung. Wissenschaftliche Erkenntnisse sollen der breiten Öffentlichkeit zugänglich gemacht werden, in diesem Fall der Schule. Die Intention dabei ist, das deklarative Wissen über Nationalsozialismus, den Zweiten Weltkrieg und deren Aufarbeitung bei Jugendlichen über zeithistorisch profilierte und geschichtsdidaktisch fundierte Unterrichtsbeispiele zu erhöhen. Aktuelle Phänomene wie Rechtsextremismus oder Antisemitismus sind ohne Wissen über diese Zeit kaum zu verstehen. Genau jene Gegenwartsorientierung ist ein zentrales Element in der Geschichtswissenschaft, um das Erlernte auch in der Lebenswelt der SchülerInnen anwenden zu können. Die entstandenen Fachtexte und die dazu gehörigen Unterrichtsbeispiele sind wissenschaftsorientiert ausgestaltet und sollen LehrerInnen die Vorbereitung auf diese komplexen und umfangreichen zeithistorischen Themen erleichtern. Der Auswahlprozess der fünfzehn Themen, die als besonders zentral für den Wissenserwerb identifiziert werden, wurde von ausgewählten ZeithistorikerInnen vorgenommen und fand im Diskussionsprozess konsensuale Zustimmung. Die Berücksichtigung geschichtsdidaktischer Grundlagen (Prinzipien, Konzepte und Kompetenzen) soll einerseits garantieren, dass die Unterrichtsbeispiele aktuellen wissenschaftlichen Anforderungen entsprechen und andererseits für die Schulpraxis einfach anwendbar sind. Der Erfolg der kostenfreien open access Publikation wird davon abhängig sein, wie erfolgreich es gelingen wird, mit Hilfe der Schulbehörden und der Fort- und Weiterbildung der

---

48 Vgl. Philipp Mittnik, „Schulbuchaufgaben zum Thema Holocaust. Eine geschichtsdidaktische Analyse." In *Neue Aufgabenkultur im Geschichtsunterricht? Theoretische Zugänge und empirische Befunde*, hrsg. v. Andrea Brait, Heike Krösche und Claus Oberhauser, Wochenschau Wissenschaft Band 3 (Frankfurt/M: Wochenschau Verlag, 2023); Wolfgang Buchberger, „„Pars pro toto" oder „Das fehlende Ganze". Empirische Befunde und Handlungsnotwendigkeiten für eine fachspezifische Aufgabenkultur im Geschichtsunterricht." In Brait; Krösche; Oberhauser, *Neue Aufgabenkultur im Geschichtsunterricht?* (s. Anm. 48).
49 Philipp Mittnik, „Schulbuchaufgaben zum Thema Holocaust. Eine geschichtsdidaktische Analyse." In *Neue Aufgabenkultur im Geschichtsunterricht?*, 292.

Pädagogischen Hochschulen die Verbreitung zu organisieren. Es wäre wünschenswert, dass die Historiographie des Holocausts und des Nationalsozialismus und dem in allen Studien konstatierten schwindenden Wissen über diese Zeit mit diesem Projekt entgegengewirkt werden kann.

Literaturverzeichnis

Barricelli, Michele, Peter Gautschi und Andreas Körber. „Historische Kompetenzen und Kompetenzmodelle." In Barricelli; Lücke, *Handbuch Praxis des Geschichtsunterrichts*, 207–35.

Barricelli, Michele und Martin Lücke, Hrsg. *Handbuch Praxis des Geschichtsunterrichts*. 2 Aufl. Wochenschau Geschichte. Schwalbach/Ts.: Wochenschau Verlag, 2017.

Berg, Nicolas. *Der Holocaust und die westdeutschen Historiker: Erforschung und Erinnerung*. 3., durchges. Aufl., Online-Ausg. Moderne Zeit 3. Göttingen: Wallstein, 2013. Zugl.: Freiburg i. Br., Univ., Diss., 2001 u.d.T.: Berg, Nicolas: Auschwitz und die deutsche Geschichtswissenschaft. http://swb.eblib.com/patron/FullRecord.aspx?p=1390859.

Bergmann, Klaus. *Personalisierung im Geschichtsunterricht, Erziehung zu Demokratie?* 2., erw. Aufl. Anmerkungen und Argumente zur historischen und politischen Bildung 2. Stuttgart: Klett, 1977.

–. „„Papa, erklär mir doch mal, wozu dient eigentlich die Geschichte" Frühes historisches Lernen in der Grundschule und Sekundarstufe I." In *Kinder entdecken Geschichte: Theorie und Praxis historischen Lernens in der Grundschule und im frühen Geschichtsunterricht*. Hrsg. von Klaus Bergmann. 3. Aufl., 8–31. Wochenschau Geschichte. Schwalbach/Ts.: Wochenschau-Verl., 2001.

Borries, Bodo v. „Inhalte oder Kategorien. Überlegungen zur kind-, sach-, zeit- und schulgerechten Themenauswahl für den Geschichtsunterricht." *Geschichte in Wissenschaft und Unterricht*, 7/8 (1995): 424–432.

–. „Moralische Aneignung und emotionale Identifikation im Geschichtsunterricht. Empirische Befunde und theoretische Erwägungen." In Meseth; Proske; Radtke, *Schule und Nationalsozialismus*, 268–97.

Brait, Andrea, Heike Krösche und Claus Oberhauser, Hrsg. *Neue Aufgabenkultur im Geschichtsunterricht? Theoretische Zugänge und empirische Befunde*. Wochenschau Wissenschaft Band 3. Frankfurt/M: Wochenschau Verlag, 2023. https://permalink.obvsg.at/AC17030643.

Brauch, Nicola. *Geschichtsdidaktik*. De Gruyter eBook-Paket Geschichte. Berlin, Boston: De Gruyter Oldenbourg, 2015. doi:10.1515/9783110375244. http://www.sehepunkte.de/2016/11/27549.html.

Buchberger, Wolfgang. „„Pars pro toto" oder „Das fehlende Ganze". Empirische Befunde und Handlungsnotwendigkeiten für eine fachspezifische Aufgabenkultur im Geschichtsunterricht." In Brait; Krösche; Oberhauser, *Neue Aufgabenkultur im Geschichtsunterricht?*, 12–28.

Buchberger, Wolfgang, Elmar Mattle und Simon Mörwald, Hrsg. *Mit Quellen arbeiten: Aufgaben für historisches Lernen in der Primar- und Sekundarstufe*. Salzburg, Wien:

Edition Tandem, 2020. https://www.recensio.net/rezensionen/zeitschriften/hemecht/2022/1/ReviewMonograph520223418.

Buck, Thomas M. „Lebenswelt- und Gegenwartsbezug." In Barricelli; Lücke, *Handbuch Praxis des Geschichtsunterrichts*, 289–301.

Claims Conference. „Netherlands Holocausts Awareness Survey." Zuletzt geprüft am 19.01.2024. https://www.claimscon.org/wp-content/uploads/2023/01/Netherlands-Executive-Summary-1.23.22.pdf.

Foster, Stuart J. und et al. *What do students know and understand about the Holocaust? Evidence from English secondary schools*. Second edition. London: UCL, 2016.

Gautschi, Peter. *Guter Geschichtsunterricht: Grundlagen, Erkenntnisse, Hinweise*. 2. Aufl. Wochenschau Geschichte. Schwalbach/Ts.: Wochenschau-Verl., 2011. Zugl.: Kassel, Univ., Diss., 2009.

Gräsel, Cornelia. „Stichwort: Transfer und Transferforschung im Bildungsbereich." *Zeitschrift für Erziehungswissenschaft* 13, Nr. 1 (2010): 7–20. doi:10.1007/s11618-010-0109-8.

Hagemann, Steffen und Roby Nathanson. „Deutschland und Israel heute: Verbindende Vergangenheit, trennende Gegenwart?". Zuletzt geprüft am 10.02.2024. https://www.bertelsmann-stiftung.de/fileadmin/files/BSt/Publikationen/GrauePublikationen/Studie_LW_Deutschland_und_Israel_heute_2015.pdf.

Handro, Saskia und Bernd Schönemann, Hrsg. *Geschichtsdidaktische Schulbuchforschung: III. Nachwuchstagung der „Konferenz für Geschichtsdidaktik", die vom 5.–7. August 2005 in Witten-Bommerholz stattfand*. 2. Aufl. Zeitgeschichte – Zeitverständnis 16. Berlin: LIT-Verl., 2011.

Heuer, Christian. „Für eine „neue" Aufgabenkultur. Alternativen für historisches Lehren und Lernen an Hauptschulen." *Zeitschrift für Geschichtsdidaktik*, Nr. 9 (2010): 79–97.

Krammer, Reinhard. „Zur Behandlung der Geschichte der Juden im österreichischen Geschichtsunterricht." *Internationale Schulbuchforschung*, Nr. 22 (2000): 109–126.

–. „Die durch politische Bildung zu erwerbenden Kompetenzen. Ein Kompetenz-Strukturmodell." BMBWF. Zuletzt geprüft am 12.01.2021. https://www.bmbwf.gv.at/Themen/schule/schulpraxis/prinz/politische_bildung.html.

Kühberger, Christoph. „Konzeptionelles Wissen als besondere Grundlage des historischen Lernens." In *Historisches Wissen: Geschichtsdidaktische Erkundung zu Art, Tiefe und Umfang für das historische Lernen*. Hrsg. von Christoph Kühberger, 33–74. Forum historisches Lernen. Schwalbach/Ts: Wochenschau-Verl., 2012.

–. „Hitler-Mythen in österreichischen Geschichtsschulbüchern – Qualitative und quantitative Aspekte zum Problem der Personalisierung." In *Mythen in deutschsprachigen Geschichtsschulbüchern: Von Marathon bis zum Élysée-Vertrag*. Hrsg. von Roland Bernhard et al. 1. Aufl., 185–212. Eckert. Die Schriftenreihe Band 142. Göttingen: V&R unipress, 2017.

Kühberger, Christoph und Herbert Neureiter. *Zum Umgang mit Nationalsozialismus, Holocaust und Erinnerungskultur: Eine quantitative Untersuchung bei Lernenden und Lehrenden an Salzburger Schulen aus geschichtsdidaktischer Perspektive*. Geschichte unterrichten. Schwalbach: Wochenschau Verlag, 2017. http://www.content-select.com/index.php?id=bib_view&ean=9783734404443.

Landis, J. R. und Gary G. Koch. „The Measurement of Observer Agreement for Categorical Data." *Biometrics*, Nr. 33 (1977): 159–174. Zuletzt geprüft am 07.06.2022. https://dionysus.psych.wisc.edu/iaml/pdfs/landis_1977_kappa.pdf.

Lehrplan Geschichte und Politische Bildung. BGBl. II. BMBWF. 02.01.2023. Zuletzt geprüft am 10.02.2024. https://www.bmbwf.gv.at/Themen/schule/schulpraxis/lp/lp_ahs.html.

Lehrplan Geschichte und Sozialkunde/Politische Bildung für Mittelschulen und allgemein bildenden höheren Schulen. BMBWF 1. 18.05.2016. Zuletzt geprüft am 22.02.2022. https://www.bmbwf.gv.at/Themen/schule/schulpraxis/lp/lp_ahs.html.

Leo, Per. „Auschwitz ist für mich." *Frankfurter Allgemeine Zeitung*, 07.02.2015.

Meseth, Wolfgang, Matthias Proske und Frank-Olaf Radtke, Hrsg. *Schule und Nationalsozialismus: Anspruch und Grenzen des Geschichtsunterrichts*. Wissenschaftliche Reihe des Fritz Bauer Instituts 11. Frankfurt, New York: Campus, op. 2004.

–. „Schule und Nationalsozialismus. Anspruch und Grenzen des Geschichtsunterrichts Schule und Nationalsozialismus. Anspruch und Grenzen." In Meseth; Proske; Radtke, *Schule und Nationalsozialismus*, 9–30.

Mittnik, Philipp. „Schulbuchaufgaben zum Thema Holocaust. Eine geschichtsdidaktische Analyse." In Brait; Krösche; Oberhauser, *Neue Aufgabenkultur im Geschichtsunterricht?*, 219–32.

Mittnik, Philipp, Georg Lauss und Sabine Hofmann-Reiter. *Generation des Vergessens? Deklaratives Wissen über Nationalsozialismus, Holocaust und den Zweiten Weltkrieg von Schüler*innen*. Wochenschau Wissenschaft. Frankfurt: Wochenschau Verlag, 2021.

Mittnik, Philipp, Georg Lauss und Stefan Schmid-Heher, Hrsg. *Politische Handlungsfelder zwischen Interessens- und Identitätspolitik: Was wir wollen und wer wir sind: eine Handreichung für Lehrkräfte in der Sekundarstufe II*. Wien: Zentrum für Politische Bildung Pädagogische Hochschule Wien, 2019.

Pandel, Hans-Jürgen. *Geschichtsunterricht nach PISA: Kompetenzen, Bildungsstandards und Kerncurricula*. 3. Aufl. Forum historisches Lernen. Schwalbach: Wochenschau Verlag, 2014. http://gbv.eblib.com/patron/FullRecord.aspx?p=3565263.

Reich, Kersten. *Konstruktivistische Didaktik: Das Lehr- und Studienbuch mit Online-Methodenpool*. 5. Auflage. Pädagogik und Konstruktivismus. Weinheim, Basel: Beltz Verlag, 2012. http://www.content-select.com/index.php?id=bib_view&ean=9783407258168.

Schneider, Gerhard. „Personalisierung/Personifizierung." In Barricelli; Lücke, *Handbuch Praxis des Geschichtsunterrichts*, 302–15.

Schreiber, Waltraud. „EinKompetenz-Strukturmodell historischenDenkens." Zuletzt geprüft am 01.09.2020. https://www.erinnern.at/themen/e_bibliothek/didaktik/methodik-didaktik-1/schreiber-ein-kompetenz-strukturmodell-historischen-denkens.pdf.

–. „Ein Kompetenz-Strukturmodell historischen Denkens." *Zeitschrift für Pädagogik* 54, Nr. 2 (2008): 198–212. Zuletzt geprüft am 20.01.2024. https://www.erinnern.at/themen/e_bibliothek/didaktik/methodik-didaktik-1/schreiber-ein-kompetenz-strukturmodell-historischen-denkens.pdf.

Silbermann, Alphons und Manfred Stoffers. *Auschwitz: Nie davon gehört?: Erinnern und Vergessen in Deutschland*. 1. Aufl. Berlin: Rowohlt-Berlin-Verl., 2000. http://hsozkult.geschichte.hu-berlin.de/rezensionen/type=rezbuecher&id=215.

Sutor, Bernhard. „Politische Bildung im Streit um die „intellektuelle Gründung" der Bundesrepublik Deutschland: Die Kontroversen der siebziger und achtziger Jahre." *Aus*

Politik und Zeitgeschichte, Nr. 45 (2002): 17–27. Zuletzt geprüft am 15.02.2024. https://www.bpb.de/shop/zeitschriften/apuz/26627/politische-bildung-im-streit-um-die-intellektuelle-gruendung-der-bundesrepublik-deutschland/.

Weißeno, Georg. „Lernaufgaben als Instrument der Unterrichtssteuerung und der empirischen Forschung." In *Politikunterricht evaluieren: Ein Leitfaden zur fachdidaktischen Unterrichtsanalyse*. Hrsg. von Dagmar Richter, 115–40. Baltmannsweiler: Schneider-Verl. Hohengehren, 2006.

Weißeno, Georg, Joachim Detjen, Ingo Juchler, Peter Massing und Dagmar Richter. *Konzepte der Politik: Ein Kompetenzmodell*. Reihe Politik und Bildung Band 56. Schwalbach/Ts.: Wochenschau Verlag, 2010. doi:4588.

Wetzel, Juliane. „Holocaust-Erziehung." Zuletzt geprüft am 10.01.2024. https://www.bpb.de/themen/erinnerung/geschichte-und-erinnerung/39843/holocaust-erziehung/.

Zülsdorf-Kersting, Meike. „Jugendliche und das Thema Holocaust. Empirische Befunde und Konsequenzen für die Schulbuchkonstruktion." In Handro; Schönemann, *Geschichtsdidaktische Schulbuchforschung*, 105–19.

–. „Jugendliche und das Thema Holocaust. Empirische Befunde und Konsequenzen für die Schulbuchkonstruktion." In Handro; Schönemann, *Geschichtsdidaktische Schulbuchforschung*, 105–19.

Abstracts

Selection – or: What to learn in history classes

Christian Heuer / Gerald Lamprecht
The selection problem in the process of historical learning – A perspective on contemporary history(ies). The example of the exhibition 'Why? National Socialism in Styria'

The contribution deals with questions of selection from the perspective of historical theory and history didactics as well as contemporary history research. The introductory theoretical considerations are discussed using the example of the permanent exhibition "Why? National Socialism in Styria". The exhibition, which opened in 2022 at the Museum of History in Graz, was curated by an interdisciplinary team of history didactics experts, contemporary historians, museum experts and exhibition curators, with the questions of selection, narration and mediation always at the center of multifaceted debates. The result of the debates ultimately resulted in a place of negotiation and adoption of Styrian contemporary history.
Keywords: contemporary history, history education, education, historical learning, museum

Christoph Kühberger / Robert Obermair
Thinking about selection in a pluridimensional way – exploring options in the field of contemporary history

The question of subject selection constitutes a central issue in the teaching of history. The frameworks designed for historical learning in schools typically align with broader trends in academic and political discourse, albeit with a slight delay in their adoption. Nevertheless, the thematic structures and domain-specific content embedded in curricula exert significant normative influence, as history textbooks and other officially approved educational materials are required to adhere to these guidelines.

This article seeks to examine various approaches to conceptualizing and structuring contemporary history for educational purposes. Through a qualitative content analysis of school curricula, as well as a review of current trends in Austrian contemporary history research, the study aims to identify both emerging trends and gaps in the field. Furthermore, it analyzes the extent to which the latest developments in historical scholarship are reflected in Austrian educational curricula.

Keywords: curricula, teaching contemporary history, Austrian contemporary history, selection, empirical study

Heinrich Ammerer
Is it important, or can it go? Contemporary history and the concept of 'historical significance'

This article is dedicated to the problem of content selection in history lessons and the benefits that the didactic concept of 'historical significance' can bring in this regard. Firstly, a brief historical overview of the development of selection practices in German-language history lessons is given, then this concept – which has long been established in Anglophone history didactics – is presented on a theoretical and empirical level and recommended for greater consideration in teaching history in German-speaking countries. An exploratory study is then presented to determine which contemporary historical events young people regard as particularly significant at the end of their school careers and which explanatory factors presumably have an effect on their jugments. Finally, methodological suggestions are made for the practical integration of the didactic concept into history lessons.

Keywords: Historical significance, Content selection, Conceptual learning, Higher Order Concepts

Andrea Brait
'Past Studies' or Holocaust education? Insights into the selection of topics in Austrian history education at upper secondary level on the subject of 'National Socialism and the Holocaust' via folders of students

The study examines 53 folders collected from history lessons at the upper secondary level in Austria, analyzing the topics related to National Socialism and the Holocaust that can be reconstructed from these materials. The research aimed to

determine the extent to which the documented history lessons contributed to democracy education. The findings reveal that the content in the folders only partially aligns with the principles of Holocaust education, which seeks to impart not only knowledge about the Shoah but also values that prevent its recurrence. The emphasis in the lessons was placed on political events and structures, with a particular focus on the role of (exclusively male) Nazi leaders, especially Hitler. In contrast, the experiences and fates of individuals are largely marginalized. This approach to history education can be characterized as "Vergangenheitskunde" (past studies), which does not adequately fulfill contemporary historical and didactic standards.
Keywords: history education, NS, empirical study

Philipp Mittnik
Selection of central topics of teaching National Socialism and World War II. Documentation of an interdisciplinary project

The described project "Teaching about National Socialism" can be seen as a follow-up project of the empirical study "Generation of Forgetting" from 2021. There the lack of knowledge of 15-year old students about the Nazi Era was investigated. The aim of the follow-up project was to develop a teaching material to support teachers to achieve better and more sustainable results. For that, two groups of experts were put together, one with researchers from the field of contemporary history, one with a didactical expertise. The first group wrote short articles of the 15 most important topics relating to this time. The selection which topics these are was made by the group. In a second step the group of history didactics developed teaching materials referring to these historical articles. The project can be seen as a masterpiece for transfer research where the implementation from scientific findings to educational practice should offer new ways to teach these important topics.
Keywords: National Socialism, history teaching, contemporary history, transfer research

Rezensionen

Victoria Kumar/Gerald Lamprecht/Lukas Nievoll/Grit Oelschlegel/Sebastian Stoff (Hg.), Erinnerungskultur und Holocaust Education im digitalen Wandel. Georeferenzierte Dokumentations-, Erinnerungs- und Vermittlungsprojekte (Public History – Angewandte Geschichte 19), Bielefeld 2024.

Seit den 1980er-Jahren gehören Gedächtnis und Erinnerung zu den Leitkategorien der Geistes- und Sozialwissenschaften. Gründe dafür sind unter anderen historische Transformationsprozesse (vor allem das Verschwinden der Generation der Holocaust-Überlebenden) und der rasche digitale Wandel.[1] Diese beiden Entwicklungen brachten aber nicht nur neue Analysekategorien und Forschungsgegenstände hervor, sondern veränderten auch die Erinnerung an den Nationalsozialismus und den Holocaust nachhaltig. An diese Beobachtung schließt der von Victoria Kumar, Gerald Lamprecht, Lukas Nieveoll, Grit Oelschlegel und Sebastian Stoff herausgegebene Sammelband an, der 2024 erschien und sich im Allgemeinen mit der Transformation der NS-Erinnerungskulturen durch digitale Medien auseinandersetzt und dabei im Speziellen georeferenzierte Mapping-Projekte in den Blick nimmt.

Die Praxis des digitalen Mappings beschreibt Gerald Lamprecht in seiner Einführung als „Strategie im Bereich der Vermittlung", auf die Gedenkstätten und Bildungseinrichtungen – angesichts des „Verschwinden[s] der Autorität der authentischen Erzählung" durch die Abwesenheit der Zeitzeug*innen-Generation – auf ihrer Suche nach „alternativen ‚authentischen' Vermittlungs- und Darstellungsformen des Unbeschreiblichen" (S. 10) zurückgreifen. Trotz der Perspektivenverschiebung von der „authentischen" Stimme auf den „authentischen" Ort seien digitale Karten aber keineswegs als „reale Abbilder von Wirklichkeit" (S. 11), sondern, ähnlich wie analoge Karten auch, als soziale Konstruktionen zu begreifen, die „digitale Erinnerungslandschaften [hervorbringen], [...] die mit real physischen Orten der Erinnerung interagieren" (S. 11–12).

Ausgangspunkt des Sammelbandes war, wie Lamprecht zudem einleitend ausführt, die digitale Erinnerungslandkarte „Digitale Erinnerungslandschaft Österreich (DERLA) – Verfolgung und Widerstand im Nationalsozialismus | Dokumentieren und vermitteln".[2] Sie dokumentiert Erinnerungsorte der NS-Erinnerungslandschaft Österreichs „in all ihren Zeitschichten und Widersprüchlichkeiten" und verbindet darüber hinaus „die Dokumentation mit Fragen des historischen Lernens und der Vermittlung" (S. 12). Mit dem Launch der digitalen Erinnerungslandkarte veranstalteten das Centrum für Jüdische Studien

---
1 Sabine Moller, Erinnerung und Gedächtnis, Version: 1.0, Docupedia-Zeitgeschichte, URL: http://docupedia.de/zg/moller_erinnerung_gedaechtnis_v1_de_2010 (abgerufen 24.7.2024).
2 DERLA, URL: https://gams.uni-graz.at/context:derlageo/sdef:Context/get?locale=de&mode=map (abgerufen 24.7.2024).

in Kooperation mit dem Zentrum für Informationsmodellierung (beide Karl-Franzens-Universität Graz), ERINNERN:AT und dem Institut für das künstlerische Lehramt der Akademie der bildenden Künste in Wien eine mehrtätige Online-Tagung im September 2021, die Wissenschaftler*innen verschiedener Disziplinen und Akteur*innen der Gedenk- und Bildungsarbeit zusammenbrachte, um sich sowohl in theoretischer als auch in ganz praktischer Perspektive – also anhand konkreter Mapping-Projekte – mit dem digitalen Wandel der Erinnerungskultur auseinanderzusetzen (S. 17).[3] Der vorliegende Band versammelt nun eine Auswahl von 16 Tagungsbeiträgen, die sich „grundsätzlichen medienpädagogischen und geschichtsdidaktischen Fragestellungen" widmen, „konkrete Projekte oder Projektvorhaben" vorstellen oder sich mit „häufig vernachlässigten Perspektiven der Digital Humanities" befassen (S. 17).

Zu Beginn stehen zwei Beiträge, die sich ganz grundlegende Gedanken machen: Während Leo Dressel argumentiert, dass sich ein kulturwissenschaftlicher und kritischer Ansatz eignen würde, um Geomedien analytisch, gerade im Hinblick auf die ihnen innewohnenden Machtverhältnisse, in den Blick zu bekommen (S. 53), arbeitet Edith Blaschitz das Potenzial transdisziplinärer Zugänge heraus, die beispielsweise Historiker*innen, Erinnerungsaktivist*innen und Bildungs- und technische Expert*innen an Board holen, um durch digitales Mapping „technologiegestützt historische Orte zu erforschen, zu dokumentieren und zugänglich zu machen" (S. 33).

Die bereits erwähnte Erinnerungslandkarte DERLA stellt ein solch transdisziplinäres Vorhaben dar, waren in ihre Entstehung neben Historiker*innen doch auch Geschichtsdidaktiker*innen und Expert*innen der Digital Humanities involviert (S. 12). Grit Oelschlegel und Georg Marschnig loten in ihren jeweiligen Beiträgen anhand von DERLA die didaktischen Potenziale und Grenzen von georeferenzierenden Medien aus. Während Marschnig zeigt, dass die Stärke digitaler Lernangebote vor allem darin liegt, dass sie Lernende dazu auffordern, sich selbst zu historischen Deutungsangeboten zu positionieren und damit geschichtskulturellen Kompetenzerwerb fördern (S. 151–152), widmet sich Oelschlegel den transkulturellen, transnationalen, emotionalen und politischen Implikationen historischen Lernens, die auch im digitalen Raum eine große Rolle spielen und deshalb von Lehrenden bedacht werden müssen (S. 134–135). Christian Heuer widmet sich in seinem Beitrag ebenfalls den Herausforderungen digitaler Bildungsräume: Er argumentiert, dass historische Bildungsprozesse in

---

3 Für das Programm siehe: Digital Memory – Digital History – Digital Mapping. Transformationen von Erinnerungskulturen und Holocaust-Education, Karl-Franzens-Universität Universität Graz, URL: https://static.uni-graz.at/fileadmin/juedischestudien/tagungsprogramme/Program_Mapping_Memory_final_web.pdf (abgerufen 24.07.2024).

der „(post)digitalen Unordnung" (S. 170) möglich, aber keineswegs selbstverständlich sind: Machtförmige Praktiken können diese auch verhindert.

Summa summarum legen die Herausgeber*innen einen beeindruckenden Band vor: Dieser bietet nicht nur theoretische und methodologische Anregungen, wie georeferenzierte Medien als Forschungsgegenstände beforscht, sondern auch, wie sie als Forschungs- und Vermittlungstools genutzt werden können. Besonders lesenswert sind die Beiträge, die geschichtsdidaktische Fragestellungen diskutieren und – darauf kann an dieser Stelle nur kursorisch hingewiesen werden – konkrete Projekte vorstellen, weil sie einen Eindruck geben, wie vielfältig das Feld im Hinblick auf die Entstehung, Inhalte, Formen und Funktionsweisen von digitalen Karten mittlerweile ist. Während der virtuelle Guide der KZ-Gedenkstätte Mauthausen beispielsweise Informationen für den Besuch derselben bereitstellt (S. 229–246), sind „Jewish Places" (S. 247–262) und „avArc" (S. 263–288) als Citizen-Science-Projekte partizipativ ausgerichtet: Sie laden User*innen dazu ein, selbst aktiv zu werden und die jeweiligen Online-Karten durch Wissensproduktion mitzugestalten. Folglich ist der Band allen ausdrücklich zur Lektüre empfohlen, die sich für den digitalen Wandel der Erinnerungskultur und seine Auswirkungen auf die Holocaust Education interessieren.

Markus Wurzer

Michael Thöndl, Richard Nikolaus Graf Coudenhove-Kalergi, die „Paneuropa-Union" und der Faschismus 1923–1944, Leipzig: Leipziger Universitätsverlag 2024, 238 Seiten.

In der Auseinandersetzung mit der Paneuropa-Bewegung, die Richard Nikolaus Coudenhove-Kalergi in den frühen 1920er-Jahren gegründet hat, erhob sich immer wieder die Frage nach dem Verhältnis des Paneuropäers zum Faschismus. Dieser Frage geht der Wiener Historiker und Politikwissenschafter Michael Thöndl nun im vorliegenden Buch nach. Seine beeindruckende Spurensuche führte ihn nach Rom ins Italienische Staatsarchiv sowie in die Archivi del Novecento della Sapienza und Storico Diplomatico in Rom, weiters recherchierte er am European University Institute (Historical Archives of the European Union) in Florenz; reiste nach Lausanne (Archives cantonales vaudoises), Berlin (Archiv des Auswärtigen Amtes, Bundesarchiv) und forschte im Österreichischen Staatsarchiv und im Universitätsarchiv Wien.

Dem ausgewiesenen Kenner des Faschismus ging es dabei in erster Linie darum, die Beziehung zwischen Faschismus und „Paneuropäismus" darzustellen und nicht so sehr, eine biografische Skizze von Coudenhove-Kalergi zu erstellen. Diese ambivalente und komplexe Beziehungsgeschichte zeichnet der Autor chronologisch nach. Sie kann aus der Sicht der Rezensentin in drei Teile gegliedert werden. Im ersten werden in fünf Kapiteln die Versuche Coudenhove-Kalergis dargestellt, Italien für Paneuropa zu gewinnen. Der zweite Teil umfasst die vom Autor so bezeichnete Zeit des „Faschistischen Paneuropa" (Kapitel 6 bis 9), im dritten Teil wird die Zeit dargestellt, in der ein geläuterter Coudenhove-Kalergi allmählich auf Distanz zum Faschismus ging bis hin zu dessen Ablehnung (Abschnitte 10 bis 13). Ein Fazit führt die Leser*innenschaft zusammenfassend das ambivalente Verhältnis von Paneuropa und Faschismus vor Augen.

Im ersten Teil des Buches skizziert der Autor das Leben von Coudenhove-Kalergi, zeigt seine Bemühungen auf, um Paneuropa in Italien zu etablieren – dies trotz der dort vorherrschenden anti-paneuropäischen Stimmung, die in erster Linie Asvero Gravelli's „Antieuropa"-Engagement geschuldet ist. Die Vorstellung des Paneuropäers, dass sich sowohl Faschisten als auch Antifaschisten auf den Paneuropa-Kongressen begegnen würden, kann durchaus als naiv bezeichnet werden, ist aber Coudenhove-Kalergis hartnäckigem, beinahe verbissenem Plan geschuldet, unbedingt Paneuropa (auch mit Italien) realisieren zu wollen (Kap. 2: Coudenhove-Kalergis Bemühungen um eine Beteiligung Italiens an der „Paneuropa-Union" von 1923 bis 1932, 25–48). Der Briand-Plan (Kap. 3: Der Briand-Plan 1929/30 und das Verhältnis Italiens zu Frankreich, 49–58) stellt einen Wendepunkt für den bis dato als italienisches Phänomen bezeichneten Faschismus hin zu einer universellen Ideologie dar. Mussolini begann nun, dem demokratischen Europagedanken einen faschistischen entgegenzustellen (Kap. 4: Mussolinis Übernahme des Europagedankens, 59–68). Der „enttäuschte Demokrat" Coudenhove-Kalergi musste spätestens nach der Machtergreifung Hitlers seine Bewegung neu ausrichten. Diese Neuausrichtung drückte sich u. a. in der Anlehnung an das faschistische Europa ab 1933 aus. Das erste Treffen zwischen Coudenhove-Kalergi und Mussolini erfolgte 1933 – dieses Jahr, so Thöndl, leitete die Phase des „Faschistischen Paneuropa" ein (Kap. 6: „Faschistisches Paneuropa" (1933–1936), 81–92). Michael Thöndl arbeitet als einen gemeinsamen Berührungspunkt von Faschismus und Paneuropäismus die damalige vorherrschende Einstellung heraus, Europa befände sich in einer politischen und wirtschaftlichen Krise. Coudenhove-Kalergi meinte, dass Mussolini die einzige Persönlichkeit wäre, die Europa aus dieser misslichen Lage befreien und erfolgreich gegen den Bolschewismus auftreten könne. Die Annäherung an Mussolini erfolgte auch vor dem Hintergrund des Aufstiegs von Adolf Hitler. Der Autor zeigt klar auf, dass in diesem Zusammenhang Coudenhove-Kalergi in Mussolini einen Beschützer der Selbstständigkeit Österreichs erblickte. Dies beweist auch der bereits von Anfang an zum Scheitern verurteilte Versuch des Paneuropäers, Italien von einer Allianz mit Frankreich gegen Deutschland überzeugen zu wollen: Coudenhove-Kalergi meinte, dass auf diese Weise die Unabhängigkeit Österreichs und der Frieden in Europa gesichert werden könnten. In jener Phase befürwortete Coudenhove-Kalergi den Abessinienkrieg und kritisierte die Völkerbund-Sanktionen. Diese Haltung kritisierten viele seiner Anhänger. Coudenhove-Kalergi vertrat darüber hinaus die „neokolonialistische" Einstellung: Europa brauche die Kolonien nicht nur als Rohstofflieferant, sondern auch als Siedlungsgebiet. Michael Thöndl widmet nicht nur Coudenhove-Kalergis „paneuropäische Legitimation" für den Abessinienkrieg ein eigenes Kapitel (Kap. 8: Paneuropäische Legitimation der Eroberung Abessiniens durch das faschistische Italien in den Jahren 1935/36, 161–172), sondern auch den Kontakten des Paneuropäers mit Faschisten wie z.B. neben Asvero Gravelli, Guido Manacorda oder Oskar Ebner von Ebenthal (Kap. 7: Italienische Faschisten im Umkreis von Paneuropa, 93–160). Coudenhove-Kalergi verstieg sich sogar in der Idee, aufgrund seiner internationalen Kontakte als Sonderbotschafter für Italien in der konfliktgeladenen Zeit Europas vermitteln zu können (Kap. 9: Coudenhove-Kalergis Vermittlungsbemühungen in den europäischen Konfliktfeldern des Jahres 1936, 173–176).

Im dritten Teil des Buches wird detailliert dargestellt, wie das Beziehungsgeflecht zwischen Paneuropa und Faschismus zu bröckeln begann. Coudenhove-Kalergis „faschistische Phase" endete 1936, danach entschied sich der nun wohl „vom Faschismus enttäuschte Paneuropäer" für die Demokratie. Dazu bekannte er sich etwa in dem Buch „Totaler Staat – totaler Mensch", das 1937 in Italien verboten wurde (Kap. 10: Die Differenzen zwischen Coudenhove-Kalergi und dem Faschismus im Jahr 1937, 177–188).

Thöndl arbeitet sehr genau heraus, dass Coudenhove-Kalergi schlussendlich viel mehr von der charismatischen Führerpersönlichkeit Mussolini „verzaubert" war als vom Faschismus – ein Irrtum, dem viele seiner Zeitgenossen aufgesessen sind. Coudenhove-Kalergis leidige „Liaison" mit dem Faschismus endete mit der Bildung der Achse Berlin – Rom (1936), als der Faschismus antisemitische Züge annahm. Vergeblich versuchte der Paneuropäer Mussolini aus den Fängen von Hitler zu entreißen – dies beweist eine absolute Fehleinschätzung der Person Mussolinis und eine absolute Überschätzung seiner eigenen Person (Kap. 12: Coudenhove-Kalergi im amerikanischen Exil, die Ausblendung des Faschismus und die Fokussierung auf den Nationalsozialismus, 199–202).

Um fast jeden Preis wollte Coudenhove-Kalergi Paneuropa realisieren, doch eine Kollaboration mit dem Nationalsozialismus und Bolschewismus bedeutete für ihn zeitlebens eine rote Linie, die es nicht zu überschreiten galt. Seine selbst auferlegte Unparteilichkeit opferte er aber für die Verbindung mit dem Faschismus. Diese und auch die Sympathie für Mussolini muss aus der Zeit heraus verstanden werden, aus heutiger Sicht ist sie freilich fatal und vollkommen inakzeptabel. Und was hatte der Faschismus von Paneuropa? Man konnte sich des internationalen Netzwerkes von Coudenhove-Kalergi bedienen – das war ein äußerst pragmatischer Zugang. Wenngleich seitens der italienischen Regierung eher niederrangige Persönlichkeiten zu Paneuropa-Kongressen entsandt wurden, stand Coudenhove-Kalergi unter ständiger Beobachtung des italienischen Geheimdienstes, der ihm, dem Antifaschisten und Freimaurer misstraute (Kap. 13: Die Berichte der faschistischen Geheimpolizei über Coudenhove-Kalergi).

Das vorliegende Buch gibt auch davon Zeugnis, wie sehr Coudenhove-Kalergi sich verlaufen hatte, um seine paneuropäische Vision von der Vereinigung europäischer Staaten um nahezu jeden Preis realisieren zu können. Er schien gerade verblendet gewesen zu sein, rückblickend erwies sich diese Allianz als Utopie. Das vorliegende Buch ist flüssig verfasst und spannend zu lesen. Wenngleich der Autor die Intention verfolgte, nicht eine weitere Biografie von Coudenhove-Kalergi verfassen zu wollen, sondern vielmehr die Verbindung Faschismus und Paneuropäismus hervorzuheben, muss angemerkt werden, dass dies ein schier unmögliches Unterfangen ist, da man die Person nicht von der Bewegung trennen kann. Daher ist kritisch anzumerken, dass wesentliche Literatur fehlt wie etwa die 2021 erschienene Biografie von Martyn Bond. Auch vermisst die Rezensentin eine theoretische Auseinandersetzung der Begriffe Faschismus und Europäismus, die man einleitend hätte kurz umreißen können. Dennoch gibt das vorliegende Buch in anschaulicher Weise einen detaillierten Einblick in das Verhältnis Faschismus und Paneuropäismus, womit ein Forschungsdesiderat geschlossen wurde. Michael Thöndls akribische Forschungen und seine Aufbereitung und Analyse von bis dato noch nie verwendeten Quellen bedeuten eine wichtige und notwendige, längst überfällige Ergänzung der Forschungen über Paneuropa und Richard Nikolaus Coudenhove-Kalergi.

Anita Ziegerhofer

Autor:innen

Univ.-Doz. PD MMag. Dr. Heinrich Ammerer
Fachbereich Geschichte, Paris-Lodron-Universität Salzburg
heinrich.ammerer@plus.ac.at

PD MMag. Dr. Andrea Brait
Universität für Weiterbildung Krems, Zentrum für Kulturen und Technologien des Sammelns
andrea.brait@donau-uni.ac.at

Prof. Dr. phil. habil. Christian Heuer
Justus-Liebig-Universität Gießen, Geschichts- und Kulturwissenschaften, Didaktik der Geschichte
christian.heuer@uni-giessen.de

Univ.-Prof. Dr. Christoph Kühberger
Fachbereich Geschichte, Paris-Lodron-Universität Salzburg
christoph.kuehberger@plus.ac.at

Univ.-Prof. Dr. Gerald Lamprecht
Centrum für Jüdische Studien der Karl-Franzens-Universität Graz
gerald.lamprecht@uni-graz.at

HS-Prof. Mag. Dr. Philipp Mittnik, MSc.
Pädagogische Hochschule Wien, Institut für Urban Diversity Education
philipp.mittnik@phwien.ac.at

Mag. Dr. Robert Obermair
Fachbereich Geschichte, Paris-Lodron-Universität Salzburg
robert.obermair@plus.ac.at

Zitierregeln

Bei der Einreichung von Manuskripten, über deren Veröffentlichung im Laufe eines doppelt anonymisierten Peer Review Verfahrens entschieden wird, sind unbedingt die Zitierregeln einzuhalten. Unverbindliche Zusendungen von Manuskripten als word-Datei an: verein.zeitgeschichte@univie.ac.at

I. Allgemeines

Abgabe: elektronisch in Microsoft Word DOC oder DOCX.

Textlänge: 60.000 Zeichen (inklusive Leerzeichen und Fußnoten), Times New Roman, 12 Punkt, 1 ½-zeilig. Zeichenzahl für Rezensionen 6.000–8.200 Zeichen (inklusive Leerzeichen).

Rechtschreibung: Grundsätzlich gilt die Verwendung der neuen Rechtschreibung mit Ausnahme von Zitaten.

II. Format und Gliederung

Kapitelüberschriften und – falls gewünscht – Unterkapiteltitel deutlich hervorheben mittels Nummerierung. Kapitel mit römischen Ziffern [I. Literatur], Unterkapitel mit arabischen Ziffern [1.1 Dissertationen] nummerieren, maximal bis in die dritte Ebene untergliedern [1.1.1 Philologische Dissertationen]. Keine Interpunktion am Ende der Gliederungstitel.

Keine Silbentrennung, linksbündig, Flattersatz, keine Leerzeilen zwischen Absätzen, keine Einrückungen; direkte Zitate, die länger als vier Zeilen sind, in einem eigenen Absatz (ohne Einrückung, mit Gänsefüßchen am Beginn und Ende).

Zahlen von null bis zwölf ausschreiben, ab 13 in Ziffern. Tausender mit Interpunktion: 1.000. Wenn runde Zahlen wie zwanzig, hundert oder dreitausend nicht in unmittelbarer Nähe zu anderen Zahlenangaben in einer Textpassage aufscheinen, können diese ausgeschrieben werden.

Daten ausschreiben: „1930er" oder „1960er-Jahre" statt „30er" oder „60er Jahre".

Datumsangaben: In den Fußnoten: 4.3.2011 [keine Leerzeichen nach den Punkten, auch nicht 04.03.2011 oder 4. März 2011]; im Text das Monat ausschreiben [4. März 2011].

Personennamen im Fließtext bei der Erstnennung immer mit Vor- und Nachnamen.

Namen von Organisationen im Fließtext: Wenn eindeutig erkennbar ist, dass eine Organisation, Vereinigung o. Ä. vorliegt, können die Anführungszeichen weggelassen werden: „Die Gründung des Oesterreichischen Alpenvereins erfolgte 1862." „Als Mitglied im Womens Alpine Club war ihr die Teilnahme gestattet." **Namen von Zeitungen/Zeitschriften** etc. siehe unter „Anführungszeichen".

Anführungszeichen im Fall von Zitaten, Hervorhebungen und bei Erwähnung von Zeitungen/Zeitschriften, Werken und Veranstaltungstiteln im Fließtext immer doppelt: „"

Einfache Anführungszeichen nur im Fall eines Zitats im Zitat: „Er sagte zu mir: ‚….'"

Klammern: Gebrauchen Sie bitte generell runde Klammern, außer in Zitaten für Auslassungen: [...] und Anmerkungen: [Anm. d. A.].

Formulieren Sie **bitte geschlechtsneutral bzw. geschlechtergerecht.** Verwenden Sie im ersteren Fall bei Substantiven das Binnen-I („ZeitzeugInnen"), nicht jedoch in Komposita („Bürgerversammlung" statt „BürgerInnenversammlung").

Darstellungen und Fotos als eigene Datei im jpg-Format (mind. 300 dpi) einsenden. Bilder werden schwarz-weiß abgedruckt; die Rechte an den abgedruckten Bildern sind vom Autor/von der Autorin einzuholen. Bildunterschriften bitte kenntlich machen: Abb.: Spanische Reiter auf der Ringstraße (Quelle: Bildarchiv, ÖNB).

Abkürzungen: Bitte Leerzeichen einfügen: vor % oder €/zum Beispiel z. B./unter anderem u. a.

Im Text sind möglichst wenige allgemeine Abkürzungen zu verwenden.

III. Zitation

Generell keine Zitation im Fließtext, auch keine Kurzverweise. Fußnoten immer mit einem Punkt abschließen.

Die nachfolgenden Hinweise beziehen sich auf das Erstzitat von Publikationen.
Bei weiteren Erwähnungen sind Kurzzitate zu verwenden.
- Wird hintereinander aus demselben Werk zitiert, bitte den Verweis **Ebd./ebd.** bzw. mit anderer Seitenangabe **Ebd., 12./ebd., 12.** gebrauchen (kein Ders./Dies.), analog: Vgl. ebd.; vgl. ebd., 12.
- Zwei Belege in einer Fußnote mit einem **Strichpunkt;** trennen: Gehmacher, Jugend, 311; Dreidemy, Kanzlerschaft, 29.
- Bei Übernahme von direkten Zitaten aus der Fachliteratur **Zit. n./zit. n.** verwenden.
- Indirekte Zitate werden durch **Vgl./vgl.** gekennzeichnet.

Monografien: Vorname und Nachname, Titel, Ort und Jahr, Seitenangabe [ohne „S."].

Beispiel Erstzitat: Johanna Gehmacher, Jugend ohne Zukunft. Hitler-Jugend und Bund Deutscher Mädel in Österreich vor 1938, Wien 1994, 311.

Beispiel Kurzzitat: Gehmacher, Jugend, 311.
Bei mehreren AutorInnen/HerausgeberInnen: Dachs/Gerlich/Müller (Hg.), Politiker, 14.

Reihentitel: Claudia Hoerschelmann, Exilland Schweiz. Lebensbedingungen und Schicksale österreichischer Flüchtlinge 1938 bis 1945 (Veröffentlichungen des Ludwig-Boltzmann-Institutes für Geschichte und Gesellschaft 27), Innsbruck/Wien [bei mehreren Ortsangaben Schrägstrich ohne Leerzeichen] 1997, 45.

Dissertation: Thomas Angerer, Frankreich und die Österreichfrage. Historische Grundlagen und Leitlinien 1945–1955, phil. Diss., Universität Wien 1996, 18–21 [keine ff. und f. für Seitenangaben, von–bis mit Gedankenstich ohne Leerzeichen].

Diplomarbeit: Lucile Dreidemy, Die Kanzlerschaft Engelbert Dollfuß' 1932–1934, Dipl. Arb., Université de Strasbourg 2007, 29.

Ohne AutorIn, nur HerausgeberIn: Beiträge zur Geschichte und Vorgeschichte der Julirevolte, hg. im Selbstverlag des Bundeskommissariates für Heimatdienst, Wien 1934, 13.

Unveröffentlichtes Manuskript: Günter Bischof, Lost Momentum. The Militarization of the Cold War and the Demise of Austrian Treaty Negotiations, 1950–1952 (unveröffentlichtes Manuskript), 54–55. Kopie im Besitz des Verfassers.

Quellenbände: Foreign Relations of the United States, 1941, vol. II, hg. v. United States Department of States, Washington 1958.
[nach Erstzitation mit der gängigen Abkürzung: FRUS fortfahren].

Sammelwerke: Herbert Dachs/Peter Gerlich/Wolfgang C. Müller (Hg.), Die Politiker. Karrieren und Wirken bedeutender Repräsentanten der Zweiten Republik, Wien 1995.

Beitrag in Sammelwerken: Michael Gehler, Die österreichische Außenpolitik unter der Alleinregierung Josef Klaus 1966–1970, in: Robert Kriechbaumer/Franz Schausberger/Hubert Weinberger (Hg.), Die Transformation der österreichischen Gesellschaft und die Alleinregierung Klaus (Veröffentlichung der Dr.-Wilfried Haslauer-Bibliothek, Forschungsinstitut für politisch-historische Studien 1), Salzburg 1995, 251–271, 255–257.
[bei Beiträgen grundsätzlich immer die Gesamtseitenangabe zuerst, dann die spezifisch zitierten Seiten].

Beiträge in Zeitschriften: Florian Weiß, Die schwierige Balance. Österreich und die Anfänge der westeuropäischen Integration 1947–1957, in: Vierteljahrshefte für Zeitgeschichte 42 (1994) 1, 71–94.
[Zeitschrift Jahrgang/Bandangabe ohne Beistrichtrennung und die Angabe der Heftnummer oder der Folge hinter die Klammer ohne Komma].

Presseartikel: Titel des Artikels, Zeitung, Datum, Seite.
Der Ständestaat in Diskussion, Wiener Zeitung, 5.9.1946, 2.

Archivalien: Bericht der Österr. Delegation bei der Hohen Behörde der EGKS, Zl. 2/pol/57, Fritz Kolb an Leopold Figl, 19.2.1957. Österreichisches Staatsarchiv (ÖStA), Archiv der Republik (AdR), Bundeskanzleramt (BKA)/AA, II-pol, International 2 c, Zl. 217.301-pol/57 (GZl. 215.155-pol/57); Major General Coleman an Kirkpatrick, 27.6.1953. The National Archives (TNA), Public Record Office (PRO), Foreign Office (FO) 371/103845, CS 1016/205 [prinzipiell zuerst das Dokument mit möglichst genauer Bezeichnung, dann das Archiv, mit Unterarchiven, -verzeichnissen und Beständen; bei weiterer Nennung der Archive bzw. Unterarchive können die Abkürzungen verwendet werden].

Internetquellen: Autor so vorhanden, Titel des Beitrags, Institution, URL: (abgerufen Datum). Bitte mit rechter Maustaste den Hyperlink entfernen, so dass der Link nicht mehr blau unterstrichen ist.
Yehuda Bauer, How vast was the crime, Yad Vashem, URL: http://www1.yadvashem.org/yv/en/holocaust/about/index.asp (abgerufen 28. 2. 2011).

Film: Vorname und Nachname des Regisseurs, Vollständiger Titel, Format [z. B. 8 mm, VHS, DVD], Spieldauer [Film ohne Extras in Minuten], Produktionsort/-land Jahr, Zeit [Minutenangabe der zitierten Passage].
Luis Buñuel, Belle de jour, DVD, 96 min., Barcelona 2001, 26:00–26:10 min.

Interview: InterviewpartnerIn, InterviewerIn, Datum des Interviews, Provenienz der Aufzeichnung.
Interview mit Paul Broda, geführt von Maria Wirth, 26. 10. 2014, Aufnahme bei der Autorin.

Die englischsprachigen Zitierregeln sind online verfügbar unter: https://www.verein-zeitgeschichte.univie.ac.at/fileadmin/user_upload/p_verein_zeitgeschichte/zg_Zitierregeln_engl_2018.pdf

Es können nur jene eingesandten Aufsätze Berücksichtigung finden, die sich an die Zitierregeln halten!